KB253625

세일즈맨에서 전문 세일즈맨으로 성공하기 위한
지그 지글러의 조언

뛴만큼 버는 세일즈맨

세일즈맨에서 전문 세일즈맨으로 성공하기 위한
지그 지글러의 조언

뛴만큼 버는 세일즈맨

지그 지글러 지음 | 나혜목 옮김

 큰나무

지그 지글러 Zig Ziglar 〈시도하지 않으면 아무것도 할 수 없다〉를 통해 국내에 수많은 독자들을 확보하고 있는 세계적인 베스트셀러 작가. 전세계적으로 가장 유명한 대중연설가 중 한 사람이며, '최고의 동기부여가', '자기계발과 성공학의 대가'로 알려져 있는 그는 오늘도 지칠 줄 모르는 열정으로 세계 곳곳에 성공의 바이블을 전파하고 있다.

3백만 명 이상의 사람들이 그의 강연을 직접 들었고, 수백만 명이 테이프와 비디오를 통해 영감을 얻었다. 지글러의 책은 전세계적으로 수천만 부 이상이 팔렸고, 그의 칼럼 '지그 지글러의 용기를 주는 한마디 말'은 미국 전역의 여러 신문에 게재되고 있다. 또한 화려한 수상경력의 소유자로서 특히 그는 SMEI(Sales and Marketing Executives International)에 의해 '올해의 강연자'로 뽑히기도 했다.

사람들에게 유익한 제품 혹은 서비스를 파는
열정적이고 존경스런 세상의 모든 세일즈맨들에게
이 책을 바칩니다.

-지그 자글러-

설득력과 정직성으로 무장하라

아주 오래 전에 아리스토텔레스는 동일한 물체라도 그 무게에 따라 낙하하는 속도가 다르다라는 주장을 내놓았다. 이러한 아리스토텔레스의 주장은 그때부터 이탈리아 피사 대학의 공식이론으로 채택, 수십 년에 걸쳐 학생들에게 전수되었다.

그러던 어느 날 그 이론의 정당성을 반박하는 새로운 인물, 갈릴레오가 나타났다. 하지만 갈릴레오는 곧바로 학생들의 반발에 부딪쳤고, 급기야 피사의 사탑에 직접 올라가 무게가 현저히 다른 두 물체를 떨어뜨리는 실험을 하게 되었다.

그렇게 해서 갈릴레오는 두 물체의 무게가 서로 다르더라도 그것이 바닥에 떨어지는 시간은 같다는 것을 증명해 보였다. 하지만 놀랍게도 피사 대학의 학생들은 자신들이 지금까지 믿고 있던 이론, 즉 무거운 물체일수록 떨어지는 속도가 빠르다는 생각을 좀처럼 바꾸려 하지 않았다. 갈릴레오는 학생들에게 자신의 주장이 옳다는 것을 입증해 보였으나 그들을 설득시키지는 못했던 것이다.

이 설득의 문제는 판매 세계에서 결정적인 핵심이 된다. "사람들을 어떻게 설득시킬 것인가?" 하는 질문의 해답은 당신의 '주장'이 아닌 '물음'에 달려 있다. 〈뛴만큼 버는 세일즈맨〉의 구성 방식은 주로 질문과 그 질문에 대한 대답으로 이루어져 있다.

믿음에 상관없이 성경을 읽어 본 사람이라면 예수 그리스도가 설득에 탁월한 능력이 있다는 것을 알고 있을 것이다. 예수는 사람들을 설득하는 도구로 '질문'과 '비유'를 적절히 활용했다.

내게는 37년 동안 형제처럼 지낸 아주 절친한 친구가 한 명 있다. 캐나다 위니펙 출신의 그 친구는 사람들의 질문에 예수처럼 다시 질문을 던지기로 유명하다. 그래서 내가 그에게 뭔가를 물으면 그는 항상 미소 띤 얼굴로 "그래, 그런데 네가 지금 그걸 묻는 이유가 뭐야?" 하며 다시 내게 묻곤 한다.

올바른 질문을 하라. 그리고 그 질문에 대한 답을 귀 기울여 들어라. 이 두 가지는 상대방을 설득할 때 제일 중요한 태도이다.

두 번째로 〈뛴만큼 버는 세일즈맨〉은 판매경력을 쌓는 데 있어 정직의 중요성을 강조한다. 정직한 사람이야말로 제대로 일하는 사람인 것이다. 정직한 사람은 어떤 것도 감출 이유가 없으므로 두려워할 것이 아무 것도 없다.

당신이 두려움과 죄책감에서 완전히 자유로워지면 스스로에게 주어진 운명을 박차고 새로운 사람으로 다시 태어날 수가 있다. 그리고 그렇게 되기 위해서는 설득하는 훈련을 배워야 한다.

정직하지 못한 세일즈맨은 자신의 이익을 위해 제품이 가진 이점을 과대 포장하거나 그것이 전혀 필요 없는 사람에게 팔려는 경향이 있다. 하지만 당신이 장기간 같은 회사에서 같은 제품을 동일한 사람에게 팔려고 한다면 정직하지 않고서는 힘들다. 정직함만이 일의 안정성과 재정적 안정성을 보장해 줄 수 있다.

〈FCB 레버 카츠 파트너스FCG Leber Katz Partners〉 회장 로렐 커터는 다음과 같이 말했다.

"가치관이 행동을 좌우하고, 행동이 평판을 좌우하고, 평판이 이윤을 좌우한다."

당신이 지금부터 정직한 사람이라는 평판을 쌓기 시작한다면 머지않아 최고의 자리에 오르게 될 것이다.

지그 지글러

제 1 장

당신은 올바른 선택을 했다

"전문 세일즈맨은 '가능한'이라는 말을 버려야 한다."

이 말이 다소 이상하게 들릴 수도 있다.

여기서 '가능한'이라는 단어는 당신의 세일즈 경력에서 부딪치게 될 가장 중요한 말이다. 약간의 돈을 더 벌 수 있거나 혹은 다른 사람을 도와 줄 수 있을 거라는 이유에서 세일즈를 시작하는 사람이라면 십중팔구 얼마 지나지 않아 그만 두고 말 것이다.

당신이 세일즈의 세계에 뛰어드는 데 필요한 자세는 당신의 가슴과 이성이 판매 이외에 다른 어떤 것도 할 수 없는 상황이어야만 한다.

당신은 세일즈 일을 하면서 사람들로 인해 갖은 수모와

상처를 겪게 될 것이다. 문전박대를 당하게 될 것이며, 당신이 건 전화를 무조건 거부하며 끊어 버릴 것이다. 당신이 사교 모임에 나타나는 것조차 싫어하는 사람도 있을 것이며, 가족들마저(심지어 당신까지)도 당신을 제정신이 아니라고 비웃을 것이다.

타고난 해학가이자 강연자인 찰스 자비스는 "사람들이 당신을 피하는 것은 당신이 무서워서만은 아니다"라고 말했다. 그렇다. 사람들의 외면과 무시는 세일즈맨이라면 누구나 반드시 겪을 수밖에 없는 어려움이다.

그 속에 있는가?

나의 절친한 친구 월터 하일리는 세일즈의 세계에서 대단한 성공을 거둔 사람 중 한 명이다. 월터는 탁월한 세일즈맨인 동시에 다른 사람에게 힘과 용기를 주고 그들을 성공의 길로 인도하는 승리의 메신저이다.

그러나 월터의 큰 성공 이전에는 숱한 고초가 있었다. 그 역시 사람들의 비난과 면박에 따른 좌절감, 실적에 대한 불안감, 그리고 그에 따른 신경성 소화불량, 성공에 대한 자기 회의들을 겪었던 것이다. 실제로 상사를 찾아가 그만두겠다고 했을 정도니 그의 좌절감이 얼마나 컸는지는 가히 짐작할 만하다. 하지만 상사는 그의 요구를 일언지하에 거절해 버렸다.

"자네는 그만 둘 수가 없네!"

그래도 월터는 막무가내였다. 그만두겠다는 고집을 부렸다. 그러자 그의 상사가 이렇게 충고했다.

"월터, 자네가 보험 세일즈맨에서 벗어날 수 없는 이유는, 자네가 단 한번이라도 그 속에 있지 않았기 때문이라네."

그 말은 마치 청천벽력처럼 월터의 정신을 번쩍 들게 했다. 상사가 해 준 그 말의 의미를 곰곰이 생각하자 비로소 그는 자신이 결코 들어가 보지 못한 곳에서는 다시 나올 수도 없다는 사실을 난생 처음으로 깨닫게 되었다.

세일즈 활동에 '참여하는' 사람은 많지만 진정으로 그 일에 빠져 드는 사람은 거의 없다. 설혹 당신이 오랜 세월 제품 혹은 서비스를 파는 일을 해 왔을지 몰라도 어쩌면 당신 또한 세일즈라는 그 전문 세계에 전혀 들어간 적이 없을지도 모른다.

이렇듯 헌신적인 판매원이 사라지게 된 결정적 이유는

판매원의 높은 이직률 때문이다. 그러나 다행히 최근에는 그러한 경향이 점점 줄어들고 있고, 더불어 판매 전문가에 대한 사회적 인식 또한 빠르게 좋아지고 있다.

내가 걸어온 길

나는 전문 세일즈라는 나의 일을 진심으로 사랑하고, 전문 세일즈맨으로서 최선을 다하며, 보다 전문적인 지식을 얻고자 부단히 노력하고 있다.

나의 세일즈 경력의 출발점은 '직업적으로' 세일즈를 시작한 1947년이 아니다. 최초의 세일즈 활동은 미시시피 주 야주시티의 길거리에서 야채를 팔고 신문배달을 한 어린 시절로 거슬러 올라간다. 이후에는 그 두 가지 일의 경험을 토대로 얼마 동안은 야채가게에서 일해 짭짤한 재미를 보기도 했다.

또 나는 사우스캘리포니아 대학에서 결혼자금과 학비를 벌기 위해 기숙사에서 저녁마다 샌드위치를 팔았다. 그리하여 나는 학교를 졸업함과 동시에 증권, 생명보험, 가정용 의료기구를 포함한 각종 세일즈에 본격적으로 뛰어들게 되었다. 그리고 1964년에 이르면서 개인적, 직업적으로 크게 성공하게 되었고, 그때부터 세일즈 전문 트레이너이자 동기부여가로 거듭나게 되었다.

세일즈가 주는 혜택들

항상 다음 문구를 기억하며 하루를 시작하도록 하라.

"오늘 나는 전문 세일즈맨으로 성공하기 위해 최선을 다할 것이며, 오늘의 경험을 좀더 나은 내일의 성공을 위한 발판으로 삼는다."

이러한 각오와 결의로 하루를 시작한다면 머지않아 당신도 성공한 세일즈맨에게 주어지는 많은 혜택들을 누리게 될 것이다.

_독립성

세일즈가 주는 최대의 혜택 중 하나는 당신이 바로 사장이라는 점이다. 다시 말해 당신이 다른 누군가를 위해서가 아니라 자기 자신을 위해 일하는 독립 사업자가 된다는 말이다. 매일 아침 거울 앞에 서서 자신의 두 눈을 똑바로 보고 이렇게 말하라.

"음, 자네처럼 멋지고, 유능하고, 성실한 사람은 연봉을 더 받을 자격이 있네!"

그리하면 얼마 후 당신은 바로 그런 사람이 될 것이다. 스스로를 높이 평가하는 방법은 성공의 사다리에 오르는 데 가장 효과적인 방법이다.

_ 탁월한 문제해결 능력

의료와 행정 분야를 제외한 모든 분야에서 당신만큼 문제를 해결하는 데 있어 탁월한 설득자는 아무도 없다. 사실상 이 세상 어느 누구도 당신만큼 다른 사람에게 정신적, 육체적 만족감을 줄 수 없을 것이다. 왜냐하면 당신은 제품, 상품, 혹은 서비스를 통해 다른 사람의 귀중한 시간과 돈을 절약해 주고 그들의 근심이나 불안을 해소해 주기 때문이다.

_ 안정성

세일즈의 최대의 매력이 바로 고소득 창출 가능성이라는 점에는 아무도 이의를 달 수 없을 것이다. 더군다나 사람들로부터 자신의 가치와 능력을 제대로 인정받지 못해 그곳을 벗어나고자 하는 사람에게는 돈과 성취의 문제가 더욱 매력적일 수밖에 없다. 하지만 세일즈 분야를 소득이 불안하고 안정적이지 못한 세계라고 우려하는 선입관은 옳지 못하다.

세일즈에서는 어떤 일이 일어나길 기다릴 필요가 없다. 당신 스스로가 일을 만들어 나갈 수 있다. 사업의 성장속도가 둔하면 당신이 직접 밖으로 나가 시장을 휘젓고 행동에 착수하면 된다. 당신은 스스로의 삶과 미래를 통제할 수 있다. 당신과 당신의 가족이 안정된 생활을 누릴 수 있는 것도 바로 이런 이유 때문이다.

_ 친밀한 가족관계

내 아내는 소위 후천성 빨강머리인데, 어느 날 갑자기 머리를 빨갛게 물들이기로 결심했기 때문이다. 그래서 나는 사람들에게 아내 이야기를 할 때면 그녀를 '빨강머리'라고 일컫는다. 아내 또한 반기는 내색이다. 하지만 내가 직접 아내를 부를 때는 진짜 이름인 '진' 대신에 '슈거 베이비'라고 부른다.

결혼 초창기부터 아내와 우리 아이들—수잔, 신디, 줄리, 톰—은 내가 하는 모든 일에 깊숙이 관여해 오면서 세일즈라는 직업이 수반하는 열정, 승리감, 온갖 혜택들, 즐거움, 좌절감, 불안감 등을 두루 경험하였다. 나의 가족들은 나를 따라 세계 곳곳의 아름다운 도시를 누비고 강연회장의 오색찬란한 조명을 받으면서 나와 함께 무대에 서는 특전을 누려 왔다. 또한 그들은 내가 힘들어 할 때마다 지원과 격려를 아끼지 않았다. 실제로 우리가 서로를 보듬어 준 그런 힘든 시기는 만사형통하던 그 어느 시기보다 우리를 더욱 더 가깝게 해 주었다.

가족들에게 솔직해짐으로써 그들은 당신이 갖는 기쁨이나 슬픔을 곁에서 함께 나누고 싶어한다. 가족은 당신에게 힘과 용기를 주는 원동력이 되고 그 속에서 당신과 함께 성숙해진다. 세일즈라는 이 위대한 일은 우리가 가족에게 더 많은 관심과 애정을 쏟게 해 주고, 친구와 더욱 깊은 우정을 맺게 해 주며, 당신의 제품 혹은 서비스에 만족하는 사람들을 통해 삶의 폭이 넓어지고 좀더 생동감 있는 삶을 살아가게 해 준다.

_개인적 발전과 사회적 지위 상승

전문 세일즈가 주는 또 하나의 혜택은 당신이 그 속에서 무한히 상승한다는 점이다. 세일즈맨들은 일을 통해 개인적인 능력의 폭과 깊이가 점점 증가하고 그로 인해 그들의 사회적인 지위가 높아질 수밖에 없다. 고객의 필요와 요구를 충족시키는 세일즈 활동을 통해서 거의 모든 문제를 창조적으로 해결하는 능력을 습득하게 된 그들은 창조적이고 활동적이며 유연해진다.

또한 세일즈맨들은 온갖 다양한 부류의 사람들을 만나게 된다. 기쁨과 흥분으로 충만한 열정적인 사람을 만날 때도 있고 불만과 근심이 많은 사람을 만날 때도 있다. 다양한 부류의 사람들을 만나게 되는 경험은 사람들을 관리하는 사람에게 반드시 필요한 자질이다. 사람들을 대처하는 능력이 많을수록 인적 관리능력이 점점 높아지게 되고 따라서 그들이 최고의 간부가 될 가능성도 더욱 높아진다.

마찬가지로 세일즈맨은 사람들에게 제품이나 서비스를 구매하도록 설득하는 힘을 얻게 되는데, 이 역시 기업 간부에게 필수적인 능력이다.

기업 간부에게는 직원들의 협력을 끌어내는 능력, 직원들이 조직을 위해 충성을 다하도록 고무시키는 능력, 직원들이 조직 전체의 이익을 위해 자기 이익을 희생할 수 있도록 설득시키는 능력이 필요하다.

내가 세일즈맨들에게 타인을 설득하는 기술, 헌신적인

노력, 부단한 자기 훈련이 필요하다고 끊임없이 강조하는
이유가 바로 여기에 있다.

나와 함께 걸어가겠는가?

만일 지금 당신이 세일즈가 제공하는 놀라운 혜택을 누리고 싶다면 나는 당신을 진심으로 환영하며 축하하는 바이다. 왜냐하면 당신은 다른 어떤 직업보다도 우리 사회에 막중한 영향을 끼치는 세일즈업에 당당히 입성할 마음가짐이 되었기 때문이다.

제 2 장

오늘날의 전문 세일즈맨에게
꼭 필요한 직업 강령

내가 지글러 트레이닝 시스템을 세계적인 전문 세일즈맨 육성기관으로 키우고자 열심히 애쓰는 이유는 사람들에게 이 세계의 근본인 정직함, 품위, 성실함, 믿음, 사랑, 존중을 팔기 위해서이다. 그리고 이러한 근본을 자신의 내면에 쌓아 올리기 위해서는 열심히 배우고, 듣고, 대화하고 상호신뢰하는 법을 배워야 한다.

이것들은 우리의 일과 삶과 가정과 인간관계를 윤택하게 해 주고 전문 세일즈맨으로서 우리의 능력을 고양·발전시켜 주고 더불어 우리가 사는 세계를 변화시켜 준다.

정직하고 신뢰성 있는 태도

정직함과 신뢰성의 정도에 따라 세상이 전혀 다른 모습으로 바뀔 수 있다. 도덕적인 인간은 올바른 삶의 길뿐만 아니라 구체적인 삶의 방식을 제시한다. 진정한 세일즈맨은 윤리에 대해 왈가왈부하지 않는다. 그들은 올바른 삶을 몸소 실천한다!

솔직하고 정직하며 도덕적인 사람에게는 반드시 보상이 따른다

로버트 데이비스가 루지애나 주 배턴루지에 위치한 해충박멸 회사인 터미닉스 패스트 컨트롤Terminix Past Control의 최고 판매원이자 영업부 책임자였던 시절, 그는 사람들에게 자신의 직업을 다음과 같은 간단한 한마디로 소개했다.

"나는 벌레를 죽이는 사람입니다."

그는 자신과 자신의 일에 대한 자부심과 믿음으로 개인적 · 직업적 성공을 이루어 낸 사람이다.

로버트가 터미닉스에 근무할 당시, 그에게는 의욕이 지나친 한 신입사원이 있었다. 어느 금요일 오후 늦은 시각에 한 고객이 전화를 했다. 벌 떼가 집 주위에 몰려와 어찌해야 할지 모르겠다며 빨리 와서 해결해 달라는 전화였다. 로버트는 그 일이 간단해 보여 신입사원에게 맡겼다. 그러자 그 신입사원은 나가면서 큰 소리로 의기양양하게 이런 말을 했다.

"여기 누구 그 벌떼를 해결하는 데 200달러를 받은 사람 있나요? 두고 보세요. 제가 해 보이겠습니다."

그 말에 다른 모든 사원들이 웃으면서 한마디씩 했다.

"허풍 떨지 마."

30분쯤 지나자 그 신입사원은 225달러 수표를 손에 쥔 채 사무실로 돌아왔다. 사람들은 모두 그의 솜씨에 놀라워했다. 어느 누구도 벌 떼를 쫓아 준 대가로 그렇게 큰돈을 받은 적이 없었기 때문이다. 바로 그 순간 전화가 울렸다. 로버트가 전화를 받고 보니 조금 전 신입사원에게 거금을 준 바로 그 고객이었다.

"우선 귀사에서 제 골칫거리를 말끔히, 그것도 아주 신속하게 해결해 주신 것에 정말로 감사드립니다. 그놈의 벌들 때문에 정말 혼났는데 당신 직원이 완벽하게 해결해 주었습니다."

고객이 말했다.

"그런데 말이죠."

그가 이어서 말했다.

"15분 한 일 치곤 너무 비싼 거 아닙니까?"

"잠시 찾아뵐까 하는데 집에 계셔 주시겠습니까?"

로버트는 곧장 이렇게 대답했다. 그리고 전화를 끊자마자 그 수표를 들고 신입사원과 함께 차에 올랐다. 로버트는 고객의 집에 도착하자마자 대뜸 그에게 이렇게 말했다.

"선생님, 저희 직원의 실수로 피해를 끼쳐 드려 죄송합니다. 사실 제가 신입사원에게 저희 서비스 요금체계를 미처 설명하지 못해 부당하게도 선생님께 과도한 요금을 청구하게 되었습니다. 여기 선생님께서 주신 수표입니다."

로버트는 고객에게 수표를 건네며 말했다. 여기서 한 가지 주목할 점이 있다. 로버트는 신입사원을 난처하게 만들지 않았다는 사실이다. 그는 직원이 의뢰받은 일을 어떻게 해결했는지 있는 그대로 설명하고 그래서 그에 합당한 요금이 125달러라고 설명했을 따름이다.

"참 양심적인 분이군요."

의뢰인이 말했다.

"그런데 내게는 집 안에 바퀴벌레와 개미들이 너무 많다는 또 다른 성가신 골칫거리가 있습니다. 아까 일도 있고 하니 공짜로 좀 해결해 주면 안 되겠습니까?"

그들은 모두 웃음을 터뜨렸다. 결국 로버트는 양심적이고 정직한 태도로 300달러의 일을 추가로 맡게 되었다. 만약 그들이 처음 받은 225달러를 부당하게 고집했더라면 그 의뢰인은 속았다는 생각을 했을 것이고, 그리하여 다시는 로버트와 거래하지 않았을 것이다. 하지만 로버트는 고객에게 돈을 돌려주는 양심적인 태도로 더 큰 계약을 따내게 되었으며 차후에도 그 고객과의 거래를 지속할 수 있었다.

당신이 정직하고 양심적인 태도로 살아가면 반드시 그에 합당한 보상을 받게 된다. 물론 로버트 데이비스처럼 당장에 보상이 찾아오지 않을 수 있다. 하지만 양심적이고 정직하고 신뢰성 있는 삶의 태도는 언젠가 놀라운 기적으로 돌아올 미래의 보상을 차곡차곡 쌓는 것과 같다.

신뢰성을 주어라

세일즈의 세계에서 고객이 늘 민감하게 생각하는 부분

은 세일즈맨 개인의 신뢰성 문제이다. 사람들이 당신에게 제품 혹은 서비스를 구매하지 않는 결정적 이유는 당신을 믿을 수가 없다는 데 있다. 고객은 당신이 내뱉은 말이나 약속, 공약 등을 철썩같이 믿는다. 그런데 당신이 어떤 이유로든 고객과의 약속을 지키지 않는다면, 그로 인해 고객이 손해를 보게 된다면, 그는 당신을 더 이상 신뢰하지 않게 된다. 아니 그는 당신과 관계하는 것조차 꺼려할 것이다. 이렇듯 아주 사소한 문제가 세일즈 전반에 영향을 미치게 된다.

고객의 소리에 귀 기울여라

성공한 전문 세일즈맨들은 한결같이 고객의 소리에 귀 기울이는 장점을 지니고 있다. 지금까지 나는 고객의 필요와 요구에 귀 기울여서 손해를 봤다는 세일즈맨을 만난 적이 없다. 더욱 흥미로운 사실은 세일즈맨이 고객의 필요가 무엇인지 알면 알수록 그들이 고객을 만족시키는 가능성도 커지게 된다는 점이다. 그뿐만 아니라 고객은 세일즈맨이 자신의 이야기를 열심히 경청하는 모습을 통해 세일즈맨을 더욱 더 신뢰하게 된다.

경청하는 태도는 생각만큼 실천하기 힘든 일이 아니다. 상대가 말을 하고 있거나 당신이 무슨 말을 해야 할지 준비가 되어 있지 않을 때, 그저 가만히 듣고 있기만 하면 된다. 물론 경청하는 능력을 계발하기 위해서는 많은 훈련과 시간이 필요하다. 하지만 현재 우리에게 필요한 것은 오래된 이 격언 한 마디로 충분하다. 이것만 명심하면 된다.

"대화는 함께 나누는 것이지만, 경청은 전적인 배려가 있어야만이 가능해진다."

베풀면 반드시 되돌아온다

우리가 고객의 관심거리, 요구, 취미, 생각들을 주의 깊게 듣는 순간, 마치 우리는 그들에게 일종의 빚을 주는 것과 같아진다. 바꿔 말해 고객이 우리에게 빚지고 있다는 부채의식을 갖게 된다는 것이다. 그리하여 결국 그들은 우리가 보여 준 친절함 때문에 우리의 요구를 기꺼이 들어주려고 하게 된다.

대화에서 주의해야 할 점들

사람들은 대개 자신의 어투와 대화 속도에 상대방이 맞춰 주기를 바란다. 그러므로 고객을 편안하게 하기 위해서는 그들의 어투와 대화 속도에 맞출 필요가 있다. 하지만 분명 예외 상황이 있다.

1. 고객이 이성을 잃고 고함을 치거나 위압적인 모습을 보일 때 : 목소리를 낮추고 천천히 말해야 한다.

2. 고객이 거칠고 상스러운 언어를 사용할 때 : 바르고 품위 있는 말로 대처하라. 그리하면 고객은 당신을 자신이 생각한 가치 이상의 사람이라고 판단하게 된다. 도덕적 위엄과 정직함의 정도가 높을수록 고객의 신뢰와 존경도가 높아진다. 신뢰와 존경을 받는 정도가 높아질수록 계약체결의 가능성도 높아진다.

3. 고객이 알아듣기 힘들 만큼 아주 작은 목소리로 이야기할 때 : 당신도 고객이 들을 수 있는 한도 내에서 고객의 어조와 비슷하게 말하도록 하라. 그러면 고객이 당신의 심정을 알고 좀더 알아듣기 쉽도록 말해 줄 것이다.

4. 고객이 짜증스러울 정도로 너무 천천히 혹은 너무 빨리

말할 때 : 만일 당신이 고객과 똑같이 군다면 분명 충돌이 일어날 수밖에 없다. 이럴 때는 고객의 말하는 속도에 따라 당신의 대화 속도를 적절히 조절해야 한다.

5. 고객의 언어 습관, 즉 억양이나 틀린 문법, 속어, 언어적 장애들을 지적하지 말라.

고객의 신뢰와 세일즈맨의 성공은 연결되어 있다

〈혼돈을 넘어Beyond Chaos〉의 저자 쉴라 웨스트Sheila West는 나에게 여성 고객을 이해하는 데 필요한 조언을 해 준 적이 있다.

"여성 고객들을 상대할 때 가장 힘든 점은 그들의 신뢰성을 얻는 문제예요. 그들의 믿음을 얻지 못한다면 그들과의 계약을 성사시키기란 하늘의 별 따기나 똑같아요. 일단 누구라도 그들에게 신용 없는 사람으로 찍히고 나면 그들의 세계에서 결코 살아남을 수가 없어요. 다시 말해 세일즈맨이 여성 고객들에게 믿음을 주면, 그들의 그런 믿음은 확신이 되고 그 확신은 곧 계약체결로 이어지죠!"

이것은 세일즈 세계에 종사하는 모든 남성과 여성에게

해당하는 중요한 조언이다.

다른 사람이 원하는 것을 얻도록 도와 주어라

성공한 전문 세일즈맨은 행복이 기쁨에 있는 것이 아니라 승리에 있다는 것을 안다. 당신이 필요로 하는 것을 필요한 때 할 수 있다면 당신은 궁극적으로 원하는 것을 원하는 때 할 수 있게 된다. 성공한 전문 세일즈맨은 다음의 세일즈 신조를 항상 마음속에 간직하고 실천한다.

"사람들이 원하는 것을 얻도록 돕는다면 당신 또한 원하는 모든 것을 얻게 되리라!"

제 3 장

구매자를 찾아라

유능한 세일즈맨 및 세일즈 트레이너는 한결같이 '가망고객 발굴' 작업이 세일즈를 성공으로 이끄는 관건이라고 주장한다. 천릿길도 한걸음부터라는 말이 있듯 가망고객을 발굴하지 않고서는 판매를 제대로 할 가능성은 전혀 없다. 누군가가 이런 말을 했다.

　"세일즈에서 유일한 장애는 최고의 가망고객을 잃는 것이다."

　물론 이 말은 사실이다. 하지만 당신이 여러 명의 가망고객을 확보한다면 당신의 성공 가능성이 그만큼 더 높아질 것이다.

가망고객이란?

가망고객이란 무엇인가? 가망고객이란 당신이 판매하는 제품 혹은 서비스를 구매할 용의가 있는 개인 혹은 집단을 의미한다. 가망고객과 잠재고객은 분명 다르다. 잠재고객은 가망고객이 될 희망이 있는 사람이다. 하지만 그 희망이 확실한 근거를 가지지 못하면 그는 그저 잠재고객으로 그친다. 반면 가망고객이란 제품(서비스)을 필요로 하고, 제품(서비스)을 가지려는 욕구가 있고, 그것을 구매할 수 있는 경제력을 보유한 사람이다. 따라서 당신은 가망고객에게 시간을 투자해야 한다.

가망고객의 발굴은 항상 이루어져야 한다

그러면 다음 문제가 제기될 수 있다. 즉 가망고객 발굴은 언제 해야 하나? 그에 대한 해답은 바로 '언제나'이다. 가망고객 발굴작업은 근무시간에만 하는 일이 아니다. 다행히 가망고객 발굴작업은 어떤 상황에서든 가능하다. 모임에서나, 비행기 안에서나, 공항에서나, 점심식사중이나,

발표회장에서나 사람들이 있는 곳이면 어디든 가능하다.

"항상 가망고객 발굴작업을 하도록 하라!"

이 말을 반드시 기억하길 바란다. 당신은 언제나 자신이 속한 테두리를 벗어나 다른 테두리로 뛰어들 수 있어야 한다. 또한 당신은 가능한 모든 능력과 자원을 이용해 최대한 많은 가망고객을 확보하여야 한다. 그리하면 당신은 특정 개인이나 특정 집단에 얽매이는 일이 결코 없을 것이다.

가망고객 발굴방법

고객발굴을 시작하기 위한 최선의 방법은 상대에게 진심어린 관심을 보이는 것이다. 이것이야말로 우리에게 성공을 보장해 주는 지름길이다. 당신이 사람들에게 친절을 베풀수록 유능한 세일즈맨이 될 가능성이 더 커지기 때문이다.

나의 어머니와 아내는 단 한번도 남에게 뭔가를 팔아 본 적이 없지만 탁월한 세일즈맨이 될 자질을 충분히 갖추고 있다. 두 사람 모두 내가 만난 사람 중 '친구 만들기'의 최고 명수이기 때문이다.

어머니는 버스를 타고 목적지에 도착하기까지의 그 짧은 시간 동안 옆좌석에 앉은 사람을 평생의 친구로 만드는 남다른 재주가 있었다. 심지어 그들은 수년 동안 서로 편지를 주고받기도 한다. 어머니가 그럴 수 있는 것은 다른 사람에게 진심어린 관심과 애정을 쏟기 때문이었다.

마찬가지로 아내 역시 어머니 못지 않은 실력자이다. 우리가 비행기를 타기 위해 탑승 대열에 서 있거나 혹은 공항이나 호텔과 같은 공공장소에서 줄을 서 있는 동안이면 어김없이 놀라운 광경이 벌어지곤 한다. 어느새 대화의 문이 열리더니 채 30분도 지나지 않아 아내는 누군가와 아주 친한 친구가 되어 있는 것이다. 나는 그런 일이 일어날 때마다 경외감에 입을 다물 수가 없었다.

가망고객은 누가 되나?

나는 당신에게 다음의 몇 가지 질문을 해 볼까 한다. 당신은 누구와 가장 많이 대화를 나누는가? 당신은 누구와 있을 때 가장 마음이 편하고 당신 생각을 자유롭게 말할 수 있는가? 당신은 왜 잘 아는 사람보다 잘 모르는 사람들에게 더 물건을 팔려고 안달하는가? 나는 처음 이런 질문을 받았을 때 어떻게 대답해야 할지 몰랐다. 그 당시 나는 생각나는 대로 대답했다.

"글쎄요, 아마도 친구나 가족들에게 제 물건을 사 달라고 부담을 주고 싶지 않아서겠죠."

이번에는 당신이 그 질문에 대답해 보아라. 만일 당신이 파는 제품이 잘 모르는 사람들에게 좋은 것이라면 왜 그것이 당신의 가족이나 친구에게 좋을 수 없는 것일까?

또 당신이 파는 제품 혹은 서비스가 당신의 친구나 가족에게 좋지 않다면 왜 당신은 그것을 남들에게 파는가? 반대로 그것이 좋다면 왜 당신은 당신이 가장 아끼는 사람들에게 그것을 팔지 않는가? 물론 우리 주위에는 친구나 친지들에게 물건을 떠넘기라고 부추기는 집단이 분명 존재한다. 하지만 나는 당신이 그런 집단을 위해 세일즈를 할 만큼 어리석다고 생각하지 않는다.

당당하게 내밀 수 있는 것을 선택하라

세일즈에 종사하는 많은 사람들이 내게 편지로 자신이 올바른 제품(서비스)을 선택했는지 확인할 방법이 없느냐고 종종 묻곤 한다. 그럴 때마다 나는 그 해답이 그들의 가족이나 친구에게 있다고 말해 준다.

당신은 어떤 제품 혹은 서비스를 가족이나 친구, 친지, 혹은 가까운 이웃 사람들에게 권하고 싶은가? 나는 세일즈맨들에게 그들 주위의 사람들에게 도저히 제공하지 않고는 참을 수 없는 제품이나 서비스를 취급하라고 권한다.

당신이 취급하는 제품이나 서비스가 가족이나 친구들에게 필요한지, 그들이 그것을 사고 싶어할 것인지 생각해 보아야 한다. 즉, 그 제품 혹은 서비스가 그들에게 유익하고, 또 당신이 그것을 제공했을 때 그들과의 관계를 강화시켜 줄 것인지 확신할 수 있어야 한다.

하지만 그들이 당신의 가족이자 친구이고 또 당신을 도와 주려는 마음이 있다고 해서 물건을 사 주기를 기대해서는 안 된다. 그리고 사 달라고 강요해서도 안 된다. 그런 식으로는 당신이 성장할 수도 없을 뿐더러 오히려 주위 사람을 잃을 수 있기 때문이다.

마찬가지로 당신이 가족, 친구, 주위 사람들에게 제공할 수 있는 제품 혹은 서비스를 선택해야 하는 또 다른 이유는 그들이 누구보다 당신의 성공을 바라고 따라서 기꺼이 최고의 가망고객이 될 마음의 준비가 되어 있다는 데 있다.

가망고객을 소개받는 특별한 방법

어떻게 가망고객을 소개받을 수 있을까? 다음의 각 단계를 시도해 보자.

_ 1 단계
오랫동안 전문가들은 고객이나 가망고객에게 다른 사람을 소개해 달라고 부탁할 때 이런 방법을 애용해 왔다.

"스미스 씨, 당신의 가장 친한 친구분이 지금 이곳에 계시다면 저를 그분께 소개해 주시겠습니까?"

그러면 대개 네 명에 한 명은 소개해 주겠다고 대답한다.

"그렇다면 스미스 씨, 제가 당신께 먼저 그분을 소개받으면 안 될까요? 그분의 이름과 연락처, 그리고 그분에 관한 간단한 정보만 주시면 됩니다."

이로써 당신은 가망고객을 확보하는 단계에 첫발을 내

딛은 셈이다.

_2 단계

만일 그 사람이 당신과 친밀한 관계에 있고 당신이 무엇을 파는지 또 제품 혹은 서비스의 이점을 제대로 알고 있는 사람이라면, 그에게 손수 친구에게 전화를 걸어 당신을 소개해 줄 수 있는지 물어 보아라. 전화 대신 다음과 같은 짤막한 소개장을 받는 것도 괜찮다.

"존, 내 친구 중에 빌이라는 사람이 있는데 아마도 자네에게 도움이 될 걸세."

_3 단계

나는 가망고객을 소개받을 때 절대 고객의 면전에서 여러 장의 가망고객 카드(이름, 주소 등을 적을 수 있는 카드)를 꺼내지 않는다. 그와 같은 행동은 소개해 주는 사람들로 하여금 심리적인 거부감을 들게 하기 때문이다. 나는 언제나 한 사람의 가망고객만을 소개받아 카드에 그 사람의 이름만 적는다. 그 순간에는 그 가망고객에 관한 어떤 정보도 얻으려 애쓰지 않는다. 이렇게 해서 소개받는 가망고객의 수를 차근차근 늘려 나간다. 소개해 준 사람이 더는 소개해 줄 사람이 없다고 판단되면 그때 비로소 나는 그가 소개해 준 맨 처음 가망고객으로 돌아가 그에 관한 기본적인 정보, 즉 주소, 전화번호, 가족관계, 직업, 취미 등에 대해 하나하나씩 묻는다.

_ 4 단계

고객발굴에서 우리는 약간의 기억력에 의존해야 할 때가 종종 있다. 다시 말해 당신은 몇 가지 질문을 통해 가망고객에 관한 정보를 입수할 수 있다. 가령 "선생님은 조깅을 하거나 바둑을 둘 때 주로 누구와 하시는지요? 교회나 모임에 갈 때는 주로 누구와 동행하시죠? 친하게 지내는 이웃이나 동창생 중에 어떤 분이 계시나요?" 등등이 있다.

_ 5 단계

일단 당신이 가망고객들을 소개받고 나면, 그 다음에는 소개한 사람과 함께 당신이 접촉해야 할 사람의 순위를 매기도록 하라. 당신은 그 과정을 통해 좀더 실질적인 정보(가망고객의 구매능력 등에 관한 정보)를 입수할 수 있다. 그리고 소개해 준 사람에게 반드시 가망고객과의 접촉한 결과를 보고하도록 하라. 긴밀한 관계를 통해 기존고객을 만족시키는 일은 인간관계와 판매의 성공에 더없이 중요하다. 게다가 그렇게 기존고객과의 관계를 더욱 돈독하게 함으로써 향후 그에게 더 많은 가망고객을 소개받을 수 있다.

가망고객은 어디에 있을까?

당신이 새로운 제품을 개발했다고 가정해 보자. 당신이 한 손에는 내가 쓴 이 책을, 다른 손에는 신제품 샘플을 들었지만 마땅히 찾아갈 첫 번째 가망고객이 없다고 하자. 그렇다면, 당신은 어디서부터 시작해야 할까? 우선 두 눈을 크게 뜨고 주변을 살펴보아야 한다. 당신이 우선적으로 공략해야 할 가망고객들이 당신의 일터 내에 버젓이 있을 수 있다. 직장 동료들이 누구보다 먼저 당신을 도우려 할지 모른다. 그러므로 당신은 우선 이들을 공략하고 이들로부터 가망고객을 소개받기 시작하라.

초심자이든 경험자이든 전문 세일즈맨이 주로 사용하는 가망고객 발굴방법은 '독수리의 눈으로 주위를 탐색하기'이다. 테이프를 들으면서 차로 여기저기 가망고객을 발굴하는 전법이다. 광고 게시판, 상점 유리문에 붙은 안내문,

광고지들에 가망고객이 숨어 있을 수 있다.

또한 상공회의소와 같은 국가기관에서도 관련 정보를 제공하고 있다. 만일 당신이 소호 사업자라면 내실 있는 소기업의 서비스나 영향력을 통해 정보를 수집할 수도 있다.

신문 역시 당신에게 필요한 가망고객 정보를 줄 것이다. 출생 및 육아정보는 신생아 용품업체나 각종 보험사에게 유용하다. 결혼을 앞둔 사람은 결혼식준비 대행업체, 의류업체, 가구업체, 보험사, 여행사, 숙박업소 등을 이용할 수밖에 없다.

기업 인사들의 승진 정보는 집, 옷, 사교모임, 투자, 자동차, 컴퓨터 등 다양한 재화나 서비스를 필요로 하는 가망고객의 명단을 확보하게 해 준다.

이렇듯 당신 주위에는 가망고객에 관한 정보가 수없이 널려 있다. 그럼에도 불구하고 당신에게 가망고객이 없다면 그 이유는 당신이 주위를 제대로 살피지 않았거나 아니면 아예 없다고 미리 단정한 데 있다. 관찰력을 높여라.

_ 관련 기업과 연대하라

당신과 비슷한 영역의 기업들은 당신의 고객이 되거나

아니면 당신에게 도움을 줄 수 있다. 그러므로 그들과 상호 협력관계를 맺어 가망고객 정보를 서로 공유하는 공동 마케팅 작업을 하는 방법도 있다.

나는 커뮤니케이션 시스템 사를 처음 조업肇業할 때 같은 통신업체이면서도 전혀 다른 서비스를 제공하는 여타 기업들과 네트워크를 형성한 적이 있다. 우리 모두는 서로에게 도움을 주고받았다. 누가 먼저 고객을 발견하느냐에 상관없이 말이다.

가망고객을 발굴하는 데 유용한 정보

만일 당신이 새로운 가망고객을 발굴했다면 언제 그를 찾아가야 할까? 그것은 새로운 가망고객의 심리상태에 따라 달라진다. 특히 그가 만일 당신의 우량고객이 소개한 사람이라면 더욱 그러하다. 하지만 새 가망고객을 소개받으면 가능한 빨리 찾아가는 편이 좋다. 대개 그 가망고객에 대한 당신의 관심은 일주일이 지나면 거의 사라지기 때문이다. 설령 그 가망고객의 요구가 변하지 않았다 하더라도 당신이 그에 대해 관심이 떨어져 있기 때문에 효과적인 고객 발굴작업을 수행할 수가 없다.

접근단계에 접어들며

이제 당신은 구매 가능성 있는 고객을 찾는 법에 대해 알게 되었다. 그렇다면 다음에는 무엇을 해야 할까? 당연히 가망고객에게 전화를 걸어야 한다. 하지만 두려움 때문에 전화를 걸지 못하는 사람들이 종종 있다. 다음 장에서는 가망고객과의 전화통화에 대한 두려움을 극복하기 위한 구체적 방법에 대해 살펴보기로 하자.

제 4 장

전화 거는 두려움을 극복하라

제 아무리 당당한 세일즈맨이더라도 두려움 없이 고객에게 전화를 걸 수 있는 사람은 거의 없다. 하지만 다행스럽게도 전화 기피증을 극복하도록 도와 주는 단체는 얼마든지 있다. 저명한 강연단체 토우스터매스터 인터내셔널Toastmasters Internationa에 있는 내 친구는 이런 말을 즐겨 하곤 한다.

"나비를 쫓아낼 수는 없지만 그것을 타고 날 수는 있다."

당신이 판촉전화를 거는 데 대한 두려움을 전혀 느끼지 못한다면 사실상 당신이 성공할 가능성도 거의 희박하다. 신체건강한 사람의 체내에는 각각의 상황에 조절할 수 있도록 필요한 화학성분을 분비하는 내분비체계가 있다. 따라서 불안할 때는 뇌하수체에서 아드레날린을 분비하여 정신적 · 신체적 활동을 촉진시킨다. 그러므로 당신은 불안감을 부정적으로만 보지 말고 긍정적으로 인식하고, 불안감이 촉발하는 에너지를 전화를 거는 원동력으로 활용하라.

전문 세일즈맨들의 말에 따르면 일반 세일즈맨의 84%가 전화 기피증에 시달린다고 한다. 두려움을 동반하는 행동유형은 여러 가지가 있지만 그 중 대표적인 경우가 바로 전화 기피증이라는 것이다. 하지만 세일즈맨이 고객과 접촉하기 위해서는 반드시 이 전화문제를 해결하지 않으면 안 된다.

여러 가지 면에서 대인 기피증은 자아상self-image과 관련이 크다. 어느 누구도 당신을 업신여기거나 깔보지 않는다는 것을 당신 스스로가 인식하기까지 두려움은 언제나 당신을 따라다닐 수밖에 없다. 당신이 파는 제품 혹은 서비스에 상관없이 당신은 전문가이다. 당신의 경험, 정보, 판매기술이 풍부해질수록 당신이 발굴하는 가망고객의 수도 증가한다. 반대로 당신이 자신의 힘과 능력을 인식하지 않고 전문성을 키우지 않는다면, 당신은 언제까지나 2류에 머물 수밖에 없다.

자신감을 가져라

스스로 자신감을 갖는 최선의 방법은 우선 자신이 과거에 성공했던 순간을 떠올리고 그때의 감정상태를 재연하는 것이다. 누구에게나 '성취감'은 필요하다. 기쁨에 겨워했던 그 순간으로 돌아가라.

과거에 당신은 아주 큰 거래를 성사시켰거나, 많은 사람들 앞에서 음악을 훌륭히 연주해 박수갈채를 받았거나, 아니면 어떤 운동시합을 승리로 이끄는 데 결정적 기여를 한 적이 있을 것이다. 혹은 당신과 당신의 가족들이 서로 사랑하고 하나 되던 순간이 있을 것이다. 바로 그때 그 경험을 떠올려라. 그리고 나면 어느덧 자기회의가 사라지고 활력과 용기가 샘솟을 것이다.

그 다음으로 아무리 성공하고 부유한 명망 있는 가망고객을 만나게 되더라도 그 사람 역시 당신처럼 실수할 수밖에 없는 나약한 인간임을 인식할 필요가 있다. 이 세상에 완벽한 사람은 없다. 나의 경험에 비추어 볼 때, 성공한 사람일수록 고난과 실수와 상처가 많다. 가망고객 역시 인간이라는 사실을 인식할 수 있을 때 당신이 느끼는 위축감도 줄어들게 될 것이다.

고객에게 집중하라

불안감을 없애는 두 번째 방법은, 감정전이의 과정이 바로 세일즈라는 것을 인식하는 것이다. 자신에 대해 긍정적으로 생각하는 법을 터득하고 나면 대부분의 전문 세일즈맨들이 자신이 아닌 고객의 입장에 서서 그들에게 전화를 건다는 사실을 깨닫게 될 것이다.

물론 세일즈 활동의 주요 동기(필수요인)는 돈이다. 만일 당신이 금전적인 이익을 생각하지 않는다면 실패할 수밖에 없다. 하지만 당신이 금전적인 이익만 얻으려는 인상을 주게 된다면 당신은 아무 성과 없이 전화비만 물게 될 수밖에 없다.

또한 오직 자신의 이익에만 급급한 나머지 실적 올리기에 연연해 한다면 당신은 무의식적으로 중압감을 느끼게 되고, 그 중압감이 어느새 불안감을 키우게 될 것이다.

유능한 전문 세일즈맨들은 전화를 걸 때 고객의 입장에서 고객에게 이익을 주고자 하는 태도를 견지한다. 그리고 바로 그러한 자세가 계약을 성사시켜 준다. 만일 당신이 다른 사람이 원하는 것을 이루도록 돕는다면 당신 역시 원하는 모든 것을 얻게 될 것이다. 이 철칙을 가슴에 깊이 새기도록 하라. 이것이 바로 불안감을 극복하는 세 번째 단계이다.

목적을 정하면 두려움은 사라진다

판촉전화의 효과를 이해하는 세일즈맨은 전화하기를 두려워하는 다른 세일즈맨보다 성공할 가능성이 높다.

판촉전화를 두려워하는 최대 원인 중 하나는 당신이 전화를 거는 목적을 정하지 않은 데 있다. 당신은 시장조사를 위해, 약속을 잡기 위해, 주문을 받아 내기 위해 전화를 하는가? 당신이 마음속으로 전화의 목적을 확실히 정한다면 그때는 가벼운 마음으로 미소를 지으며 전화번호를 누를 수 있다. 이는 간과할 수 없는 아주 중요한 문제이다. 거듭 말하지만 당신이 왜 전화를 거는지 그 목적을 정하라.

세일즈 활동에 종사한 많은 세월 동안 나는 대부분의 세일즈맨들이 말하는 소위 '콜드 콜(상품가입이나 구매를 권유하기 위해 고객에게 무작위로 거는 전화-역주)'이라는 것을 꺼려 왔었다. 하지만 전화를 걸어야 한다는 사실을 깨닫고 생각을 바꾸자 어느 순간부터 나는 계약체결 단계에 점점 더 가까워져 갔다. 일단 그런 마음가짐을 갖게 된 나는 전화를 거는 것 자체에 대해 다른 어떤 생각도 하지 않았다. 다만 나는 전화 거는 시간을 정하고, 그 시간에 맞춰 전화를 걸었을 뿐이다.

_ 고객과 통화할 수 있는 최적의 시간

직접 연결되기가 어려운 가망고객과 통화할 수 있는 가장 좋은 방법은 아침 일찍 전화를 거는 것이다(물론 이는 사무실에 전화를 걸어야 한다는 말이다. 만일 당신이 이른 아침 고객의 집으로 전화를 건다면 계약을 성사시키겠다는 꿈은 일찌감치 접는 게 좋다).

대개 의사결정권자들은 오전 6시 30분, 7시 혹은 7시 30분쯤이면 출근한다. 대체로 그 시간이면 그들은 에너지가 고양되어 있고, 목소리가 부드럽고 친절하며, 당신의 이야기를 흔쾌히 듣고자 한다. 심지어 그들은 자신과 생활리듬이 같은 당신을 진심으로 존경하고 감탄할지도 모른다.

당신은 가망고객에게 전화를 걸어 이렇게 말할 것이다. "잠시 저에게 시간을 좀 내 주실 수 있겠습니까?" 그러면 상대는 "시간이 많지는 않지만 어디 말씀해 보시죠"라고 대답할 것이다. 이때 곧장 제품설명으로 들어가서는 곤란하다.

전화라는 특성 때문에 필시 말을 빨리 할 수밖에 없고 그러다 보면 중요한 사항을 빠뜨리기 쉽기 때문이다. 그리고 고객에게 퇴짜를 맞을 수도 있다. 이때는 다음 약속을 잡도록 해야 한다. 제품에 대해서는 아주 신중하게 말해야 하므로 철저한 준비가 필요하다. 그러지 않고 당신이 고객에게 미비한 정보를 제공한다면 고객은 결단을 내리기가 힘들다.

마찬가지 이유에서 만일 당신이 제품설명을 하는 동안 수화기 너머로 종이 넘기는 소리나 사람들이 웅성거리는 소리가 들린다면 이는 분명 고객이 당신에게 집중할 수 없는 상황에 있다는 의미이다. 가망고객이 하는 말은 물론이고 무언의 소리에도 민감해야 한다. 따라서 당신은 우선 전화를 걸기 직전에 몸과 마음을 가다듬고 어떤 말을 할지 계획한 다음에 전화를 걸어야 한다.

_ 격식을 갖추어라

만일 집과 같이 아무도 당신을 볼 수 없는 곳에서 일을 한다고 할 때, 당신은 옷을 제대로 갖춰 입는 편인가? 일하기 전에 반드시 샤워를 하고 면도나 화장을 하는가? 업무상 전화를 걸 때 주로 어떤 복장을 하고 있는가?

정신적인 긴장은 신체적인 긴장에서 나온다. 신체적 긴장은 당신의 얼굴표정이나 마음가짐뿐 아니라 목소리에도 영향을 미친다.

당신은 자신을 대상으로 제품을 설명해 본 적이 있는가? 당신은 자신이 막중한 사명을 띠고 있으며 사람들의 열렬한 환호를 받을 것이며 기필코 승리할 것이라고 믿은 적이 있는가? 당신의 이야기에 사람들이 적극적인 관심을 보일 것이라고 생각해 본 적이 있는가? 당신이 이런 생각을 할 수 있을 때 놀라운 결과가 일어날 것이다.

_ 성공은 철저한 계획과 준비에 달려 있다

승리자가 되고 싶다면 승리하기 위한 계획을 세워야 한다. 다시 말해 승리하는 데 필요한 준비를 해야 한다. 그리고 승리할 것이라는 확신을 가져야 한다.

구체적인 행동계획을 수립하면 자신감은 더욱 커지게 된다. 승리에 대한 의지는 승리를 위한 철저한 준비 없이는 생겨날 수 없다. 오늘 하루, 한 주일, 한 달, 일 년, 평생의 계획을 세워라. 내가 만난 성공한 세일즈맨들은 모두 시간과 노력을 투자하고, 철저한 준비 속에서 최선을 다하는 사람들이었다.

외부로부터 수집한 정보를 자신의 상황에 맞도록 소화하라. 그리고 실전에 필요한 전략과 방법을 철저히 준비하고 훈련하도록 하라. 또 판매에 도움이 되는 이 책〈뛴만큼 버는 세일즈맨〉이나 각종 자료들을 틈틈이 읽고 듣고 보도록 하라.

세계적으로 유명한 약물 전문가, 포리스트 테넌트 박사의 연구에 따르면 일반적으로 '동기부여'가 성공 가능성을 높여 준다고 한다.

그는 캘리포니아 주 애너하임에서 열린 나의 강연회에 참석하여 간단한 실험을 했다. 강연이 시작하기 전에 무작위로 선정한 5명의 청중의 혈액을 채취했다. 그리고 그로부터 4시간 뒤 강연이 끝나자 처음 5명의 피실험자에게서 혈액을 다시 채취했다. 그렇게 두 혈액을 비교한 결과, 강연이 끝나고 난 뒤 채취한 혈액 속 엔돌핀과 코티솔이 처음보다 300배나 더 많다는 놀라운 결과를 얻었다. 그 후에도 몇 차례의 실험을 거친 테넌트 박사는 결국 다음의 결론을 내렸다.

강연을 듣고 난 사람들의 체내에서는 기분이 좋아지는 화학적 반응이 일어났다. 성공에 관한 강의가 우리 감정에 영향을 미치면서 체내의 어떤 화학적 성분이 혈액 속에 분비되고 그것이 신체기능을 촉진시킨다. 게다가 그런 신체적 반응은 의외로 장시간에 걸쳐 지속된다. 따라서 동기부여를 정기적으로 섭취하게 되면 좀더 건강해지고 행복해지며 목적한 바를 성취하게 될 것이다.

용기와 자신감이 상승하면 자연히 유명하고 부유한 가망고객에 대한 두려운 마음도 점차 줄어든다. 그러므로 건강하고 성공적인 삶을 위해서 자신감을 갖고 긍정적인 태도를 유지하는 습관을 키우도록 하라.

_ 전화 기피증을 극복하는 비장의 비법

지금까지 전화 기피증을 극복하기 위한 많은 치유책들을 설명했지만 가장 중요한 비법만큼은 남겨 놓았다. 이제부터 대부분의 판매원들이 경험하게 될 확실한 비장의 비법에 대해 살펴보기로 하자.

본격적으로 세일즈 전선에 뛰어들기 전까지만 하더라도 나는 한 자리에 오랫동안 가만히 있는 문제에 대해 큰 어려움을 겪지 않았다. 하지만 전문 세일즈맨으로 뛰기 시작하면서 회사에 잠시도 가만히 있지 못했다. 그리하여 나는 월요일 오전에 있는 회의에서나 상사를 만날 뿐 대부분은 전화로만 상사에게 일을 보고했다. 그야말로 내 마음대로였다. 정말 내 마음껏 자유를 즐겼다. 출근시간이나 퇴근 시간을 지킬 필요도 없었고, 언제 어디든 마음 내키는 대로 움직일 수 있었다. 하지만 나에게는 한 가지 문제가 있었다. 즉 실적이 없으니 돈이 없었다. 결국 나에게 있어 가장 큰 문제는 체계적이고 전문적인 훈련을 해 줄 수 있는 사람이 없다는 것이었다.

나 역시 처음 얼마 동안은 누군가가 나의 세일즈 활동을 거부하면 실망하고 좌절하고 낙담에 빠졌다. 그때까지만 하더라도 누군가가 나의 제의를 거절하면 그 거절을 개인적인 것으로 받아들였던 것이다. 그리하여 그 사실에 분노하고 허탈해 하고 좌절감에 허우적거렸다. 실제로는 그 시간 동안 내가 처한 상황을 재검토하고 무엇을 어떻게 할 것인가 계획했어야 함에도 불구하고 말이다. 하지만 분노나 좌절감과 같은 부정적인 감정이 서로 얽히게 되면 전화를 걸고 싶은 마음이 사라지거나 아예 없어지기 마련이다.

만약 그때 당시 누군가가 내게 그들의 거절이 곧 나를 거절한 것이 아니라고 말해 주었다면 많은 것이 달라졌을 것이다. 사실 그들은 단순히 일적인 면에서 나의 제안을 거부한 것이었다. 단지 나의 제안이 흥미롭지 않다거나 나의 제안을 받아들일 경제력이 없었을 뿐이었다. 그들은 내가 아닌 누구한테도 그렇게 대했을 것이다.

또한 그 당시 나에게는 계획의 중요성을 일깨워 줄 사람이 필요했다. 세일즈의 세계에 뛰어들고 2년 6개월이 지난 후에야 비로소 나는 메리엘 박사를 만날 수가 있었다. 메리엘 박사는 지금의 '세일즈교육 프로그램'을 개발하고 세일즈에 임하는 나의 생각과 자세를 고쳐 준 사람이었다.

그는 내게 있어 엄청난 영향을 미친 역할 모델이었다. 박사는 내가 얼마나 가치 있고 유능한 존재인지를 깨닫도록 도와 주었으며, 세계 최고가 될 수 있다는 믿음을 심어 주었다. 또한 내가 나의 잠재력을 인식하고 나의 능력을 확신하게끔 용기를 주었다. 이렇듯 그때의 나에게는 자신에 대한 믿음과 확신 그리고 세일즈 활동에 필요한 체계적인 훈련이 필요했던 것이다.

그때 메리엘 박사는 나에게 한 가지 특별한 지침을 강조했다. 그 지침이란 내가 아무리 피곤하더라도, 전날 아무리 힘든 일을 했다 하더라도 다음날이면 어김없이 계획한 시간에 일어나 일을 시작할 수 있어야 한다는 것이었다.

박사는 내가 매일 언제 일을 시작하기로 계획했든 상관없지만, 적어도 그 시간만큼은 반드시 지키고자 최선을 다해야 한다고 신신당부했다. 마치 별일 아닌 것처럼 보이는 이것은 삶과 영업의 세계에서 성공하는 데 있어 결정적인 역할을 했다.

이처럼 아주 사소한 것이 결정적일 때가 있다. 관리자의 직접적인 감독을 받지 않는 세일즈맨이 자신이 계획한 시간과 기준에 맞춰 일하지 않는다면 반드시 실패할 수밖에 없다. 체계적인 계획과 훈련, 그리고 그것을 최선을 다하는 노력이 큰 성공을 부른다.

만일 당신이 이 장(혹은 이 책)에서 아무 것도 얻지 못하더라도 나의 이 충고만큼은 들어 주기 바란다. 전화 기피증을 극복하는 가장 중요한 방법은 바로 여기에 있다.

"시간을 정하고 날마다 그 시간이면 어김없이 고객에게 전화하겠다고 스스로에게 맹세하라."

스스로와 약속을 하라. 그리고 그 시간이 되면 가망고객에게 전화를 하라. 내가 일단 그 습관에 익숙해지자 판매 실적은 놀라울 정도로 향상되었다! 거기에는 단순하지만 심오한 심리적인 이유가 있었다. 논리는 감정을 변화시키지 못하지만 행동은 감정을 변화시킨다는 것이다. 전화 기피증은 감정의 문제이기 때문에 논리로 극복할 수 없다. 행동하라. 논리는 행동한 다음에 와야 한다. 그리하면 성공은 당신의 것이 될 것이다!

제 5 장

철저한 계획 없이
우연히 이루어지는 세일즈는 없다

"마음에 드시는 게 있는지 살펴보세요."

당신이 고객을 만나자마자 상품 카탈로그를 내밀며 이렇게 말한다면 절대 성공할 수 없다. 간혹 성공할 수도 있겠지만 이래가지고는 제대로 밥 먹기 힘들다.

오늘날에는 역사상 그 어느 때보다 마케팅 지식으로 무장한 수많은 전문가들이 시장에 차고 넘친다. 공룡은 사라지고 없다. 거리에는 뛰어난 언변과 기교로 맹활약을 하는 전문 세일즈맨들이 성공의 기회를 노리고 있다.

오늘날 세일즈맨으로 성공하려면 다양한 제품과 갖가지 상황을 타개해 나가는 구체적인 세일즈 전략을 수립해야 한다.

성공적인 세일즈를 위한 4단계 전략

지글러 트레이닝 시스템에서 제시하는 체계적인 판매 전략은 다음 4가지 단계로 구성되어 있다. 제1단계는 고객의 니드(Need. 필요)분석, 제2단계는 고객의 니드인식, 제3단계는 고객의 니드해결, 제4단계는 고객의 니드만족이다. 각 단계별로 소요되는 시간은 천차만별이지만 당신이 거래를 성사시키고 전문 세일즈맨으로 성공하고자 한다면 각 단계별로 필요한 전략과 전술을 연마해야 한다.

_제1단계 : 고객의 니드분석

고객 중심의 '요구'와 필요 지향적인 '니드'를 충족시키는 전문 세일즈맨이 되려면 우선 고객의 니드분석부터 시작해야 한다. 비록 고객이 제 발로 찾아와 제품이나 서비스를 요구하더라도 그들은 자신이 진정으로 원하는 것이 무엇인지 제대로 알지 못하기 때문이다.

니드분석의 목적은 엑스레이로 고객을 탐색하는 것과 같다. 전문 세일즈맨은 고객의 심중을 헤아리고 그들의 니드가 무엇인지 찾아내는 기술과 능력을 개발해야 한다. 니드는 겉으로 드러나든 드러나지 않든 분명 존재한다. 전문 세일즈맨으로서 당신의 임무(그리고 기회)는 그들의 니드를 드러나게 하는 것이다.

당신이 고객의 니드를 찾게 되면 그 과정에서 고객의 '요구'도 함께 드러난다. 이때 당신은 눈에 보이는 그 요구를 간과하는 실수를 저질러서는 안 된다. 고객은 자신의 니드뿐만 아니라 요구에 의해서도 구매하기 때문이다. 우리가 해야 할 일은 고객의 니드와 요구를 상호호환시키는 것이다.'

필요와 요구는 이유와 동기의 관계와 같다. 오늘날 성공한 세일즈맨은 고객을 중심으로 고객의 요구와 필요를 충족시키는 세일즈 활동을 한다! 사람들이 제품이나 서비스를 구매하는 이유는 그들이 그것을 필요로 하고 또 원하기 때문이다. 만일 우리가 누군가에게 특정 제품 혹은 서비스를 사도록 동기와 이유를 설명한다면 그 사람이 그것을 구매할 가능성도 높아질 수밖에 없다.

예컨대 사람들이 컴퓨터나 핸드폰을 사는 동기는 (1) 그들이 첨단제품을 원하고, (2) 다른 사람들이 그 제품을 갖고 있다는 데 있다. 또 사람들이 그것을 사는 이유는 (1) 편리하고, (2) 사람들과의 의사소통을 증대시켜 준다는 데 있다. 이처럼 구매하려는 각각의 이유는 합리적이지만 실제로 구매로 이끄는 결정적 동기는 고객이 원하기 때문이다. 그리고 그것은 다른 사람들의 구매까지 유발한다.

내가 직접 경험한 사례를 들어보기로 하자. 수년 전, 주방기구를 팔기 위해 한 가정을 방문하게 되었다. 나는 그들에게 내 제품의 필요성을 열심히 설명했다. 그리고 그들에게 제품의 우수성을 선보이고자 시험적으로 음식을 만드는 동안 주방을 살펴볼 수가 있었다. 그들의 주방에는 정말 아무 것도 없었다. 그들에게는 주방기구가 절대적으로 필요했고, 그래서 나는 약 두 시간에 걸쳐 그들을 설득시키고자 애썼다. 하지만 그 부부의 고집도 만만치가 않았다. 그들은 한결같이 내게 "돈이 없어요. 너무 비싸 살 수가 없어요"라고만 말할 뿐이었다.

결국 자포자기하는 마음으로 샘플가방을 챙겨 문을 나서려는 순간, 그 집의 남편이 "도자기"라는 말을 뱉었다. 그러자 아내가 눈을 번쩍 뜨면서 내게 소리쳤다.

"도자기요? 도자기도 파세요?"

"그럼요 부인, 저희는 전 세계에 최고급 도자기를 파는걸요!"

그로부터 채 30분도 지나지 않아 나는 주방기구 세트 전체를 파는 것보다 더 큰 계약을 따낸 뒤 유유히 그 집을 떠났다. 지금 돌이켜 생각해 보면 필요한 주방기구 하나 살 돈도 없다고 하던 그 부인이 어떻게 필요하지도 않은 비싼 도자기를 살 수 있었는지 신기할 따름이다. 결국 그녀는 '필요한' 주방기구 대신 '원하는' 도자기를 산 셈이었다. 핵심은 바로 여기에 있다.

"사람들은 자신이 원하는 것을 원하는 때 살 수 있다면 돈이 얼마나 들든 반드시 사고 만다."

이제 당신은 니드와 요구가 어떤 차이를 가지는지 이해하겠는가? 시험해 보아라. 직접 시험해 보면 고객의 니드와 요구가 무엇인지 발견하게 될 것이다.

고객에게는 저마다 다양한 요구와 니드가 서로 얽혀 있다. 그리고 그것들은 종종 어떤 현상 속에 감추어져 있을 때가 많다. 만일 세일즈맨이 눈에 드러나는 그 현상에만 급급해 한다면 제 아무리 최선을 다해 고객을 돕고자 노력한다 하더라도 결코 거래를 성공시키지 못하게 되고 또 자신이 실패한 이유조차 이해하지 못하게 될 것이다.

당신은 질문을 통해 겉으로 드러나는 '현상적 사실'이 아니라 감추어진 '정보'를 모아야 한다. 현상적 사실이 불필요한 것은 아니지만 그것만으로는 고객의 니드를 발견할 수가 없기 때문이다. 이제 고객의 니드를 발견하기 위해 어떤 질문을 해야 하는지 상세하게 살펴보기로 하자.

_제2단계 : 고객의 니드인식

니드인식의 단계는 크게 두 가지가 이루어져야 한다. 하나는 세일즈맨이 고객에게 있는 한 가지 이상의 니드를 확실히 인식하는 것이고, 다른 하나는 고객이 스스로 자신의 니드를 인식하는 것이다. 섬광이 번쩍이듯 일단은 세일즈맨인 당신이 먼저 깨달아야 하고 그 다음에는 고객이 깨달아야 한다.

우선 고객의 니드를 인식하기 위해서는 세일즈맨이 니드분석에서와 마찬가지로 질문을 던져야 한다. 하지만 니드인식의 단계는 당신과 고객 모두가 고객의 요구와 니드를 알아야 하므로 당신은 이 두 가지를 모두 충족하는 질문을 해야 하고, 깊이 생각해야 한다. 하지만 대부분의 세일즈맨은 어떤 식으로든 고객에게 물건만 팔면 된다고 생각한 나머지 이 단계를 무시할 때가 많다. 니드인식의 단계가 없다면 그 목적도 달성할 수 없는데 말이다.

비록 고객이 직접 당신의 매장으로 찾아온다 할지라도 그가 곧바로 구매하는 것이 아니므로 니드인식의 단계는 필수적이다. 당신은 이 말에 의아해 할지도 모르겠다. 하지만 우리 주위에는 자신이 무엇을 사려는지 말해 놓고도 결국에는 마음을 바꿔 구매하지 않는 고객들이 정말 많다. 당신이 고객에게 절실한 니드를 파악하지 못하고 또 그것을 그들에게 인식시키지 못하면 당신은 결코 거래를 성사시킬 수 없다.

_ 제3단계 : 고객의 니드해결

제3단계는 니드해결을 위한 제품이나 서비스를 제공하는 것이다. 이 3단계에서 당신은 제품을 선보이게 된다. 이제는 질문을 멈추고 고객의 니드에 맞는 해결책을 제시해야 할 때이다.

이때 당신이 해야 할 일은 이미 존재하는 고객의 니드, 혹은 어려움을 밖으로 표출시키고 그에 맞는 제품이나 서비스를 해결책으로 제시하는 것이다.

지금까지 우리는 제1단계와 제2단계를 통해 고객의 니드와 요구를 분석, 인식하고 또 그것을 고객에게 인식시키는 법을 살펴보았다. 그러므로 제3단계에서도 당연히 고객의 니드에 부합하는 제품소개가 이루어져야 한다. 다시 말해 니드가 중심이 되어야 한다. 제품이 중심이 되어서는 안 되는 것이다. 이에 대해서는 다음 몇 가지 질문을 통해 좀

더 구체적으로 설명하기로 하자. 자칫하면 오해하기 쉬우니 정신 바짝 차리고 들어주기 바란다.

당신은 침대를 구입한 적이 있는가? 새 옷은 어떤가? 자동차나 보험상품을 구입한 적이 있는가? 사무용 복사기는? 헬스클럽이나 각종 운동 프로그램에 가입한 적은 있나? 오디오 테이프나 책은 어떤가?

단언하건대 이 책을 읽는 당신 중 누구도 제품을 산 사람은 아무도 없다. 당신이 구입한 것은 편안한 잠자리, 활동하기 편하고 자신을 아름답게 해 주는 수단, 편리한 교통수단, 가족의 평안과 경제적 손실을 막아 주는 장치, 업무효율을 높여 주는 방책, 생산성의 증대, 더 많은 정보들이다. 이렇듯 고객의 니드를 근본적으로 해결해 주는 세일즈 전략이 당신을 전문 세일즈맨으로 성공시켜 줄 수 있다.

우리들 중 누구도 제품 그 자체를 사는 사람은 아무도 없다. 우리 모두는 제품이 주는 성과, 즉 니드를 해결해 주는 제품의 이점을 산다. 다시 말해 우리는 제품 그 자체를 사는 것이 아니라 제품이 주는 이점을 사는 것이다.

우리는 고객의 니드에 맞추어야 한다. 결코 제품에 맞추어서는 안 된다. 나의 친구이자 동료인 세일즈 트레이너 돈 휴스턴이 진행하는 라디오 방송 프로그램, 'WII-FM'

의 의미는 '그 속에는 나를 위해 무엇이 있을까?Waht's In It For Me?' 라고 한다. 제품이 아니라 고객의 니드에 맞춰야 하는 우리에게 딱 들어맞는 말이다.

커뮤니케이션 컨설턴트인 닉 달리는 한동안 지글러 단체를 도와 계약직으로 같이 일한 적이 있었다. 그 후에도 나와 동료들은 가끔씩 닉을 만날 수 있었다. 그런데 한번은 그가 우리의 특정 프로젝트를 도우려 다시 왔을 때 왠지 모르게 낯선 느낌을 받았다. 마침내 우리는 그가 입에 치아 교정기를 끼고 있음을 알게 되었다. 결국 누군가가 그에게 치아 교정기를 왜 하고 있느냐고 물어 보았다.

그때 닉의 대답 속에는 고객의 니드에 맞추어야 한다는 WII-FM의 값진 교훈이 담겨 있었다. 그는 이렇게 대답했다.

"나는 치아 교정기를 원하지 않아요. 단지 이를 고르게 하고 싶을 뿐이죠."

제품 그 자체를 설명하는 데 당신의 시간과 고객의 시간을 낭비하지 않도록 하라. 고객에게 그 제품이 어떤 이점이 있고 왜 그 제품이 그에게 필요한지 설명하라. 9장에서 당신은 사람들에게 당신이 어떤 제품을 팔고, 그것이 어떤 이점을 가지고 있으며, 그것이 왜 다른 제품보다 더 나은

지 설명하는 방법에 대해 배우게 될 것이다.

_ 제4단계 : 고객의 니드만족

제4단계는 니드만족이다. 이것은 세일즈맨이 다른 사람을 도울 때 필요한 가장 중요한 단계이다. 당신이 진정으로 다른 사람을 도우려 하고, 당신의 제품과 서비스를 진심으로 믿으며, 당신이 진심으로 고객에게 이익을 주고, 당신이 진심으로 최선을 다해 경제적 이익을 얻고자 한다면 이것을 반드시 기억해야 한다.

"항상 주문을 요청하라"는 말이 당연한 소리처럼 들리는가? 그렇지만 우리는 계약을 체결하는 순간이 다가올 즈음이면 얼어붙거나 기진맥진해져서 일을 그르칠 때가 종종 있다.

이와 관련해 우리가 고객에게 주문을 요청하고 그들과 계약을 맺는 법에 대해 다음 10장에서 상세히 논의하도록 하자.

제 6 장

고객의 니드분석을 위한 질문들

제품 소개를 시작하는 최선의 방법은 무엇일까? 바로 질문을 통해서이다. 그럼, 질문으로 시작하는 목적은 무엇일까? 질문은 우리가 고객에 관한 정보를 수집하고 그 정보를 바탕으로 고객을 도와 줄 수 있게 해 준다. 또한 더욱 중요한 사실은 우리가 고객에게 전문가다운 태도로 질문을 던짐으로써 세일즈 과정에서 가장 중요한 측면, 즉 고객으로부터 신뢰를 얻게 된다.

먼저 스스로에게 물어 보아라

만약 당신이 나에게 진지한 자세로 나와 나의 회사에 대해 몇 가지 질문을 한다면, 과연 나는 당신을 어떻게 생각할까? 만일 당신이 나에게 취급하는 제품에 대해 세세하게 설명해 준다면 과연 나는 당신을 내 돈만 노리는 여느 다른 세일즈맨들과 똑같다고 생각할까? 아마도 나는 당신이 나를 진정으로 도우려 한다고 생각할 것이다.

질문하는 것은 중요하지만, 답이 뻔한 질문은 자칫 고객들을 속이려 한다는 인상을 주기 쉽다. 전문 세일즈맨으로서 고객으로 하여금 자신의 니드와 요구, 어려움과 관심사항을 우리와 나눌 수 있도록 자극할 필요가 있다. 그리하여 그들 스스로가 문제를 해결하고자 우리의 제품이나 서비스를 구매하려는 마음을 갖게 해야 한다.

그리고 이를 위해서 우리는 도덕적인 태도를 견지해야 한다. 도덕적인 태도는 진정한 세일즈맨이 되기 위한 초석이다. '동기부여motivation'와 '조종manipulation'은 어떤 차이가 있을까? 유감스럽게도 동기부여와 조종은 흔히 혼동되고 있다. 하지만 엄밀하게 따지면 동기부여와 조종의 차이는 호의와 기만의 차이와 같다. 그 차이는 바로 마음가짐에 있다. 동기부여는 상대가 자유롭게 자신이 원하는 것을 선택할 수 있도록 허용하지만, 조종은 상대를 강압적으로 복종하게끔 만든다. 동기부여는 선의를 바탕으로 하고 장기적인 반면에, 조종은 악의를 바탕으로 하고 일시적이다.

이성적 질문과 감성적 질문

질문을 통해 고객의 느낌을 알수록 그 사람의 생각을 좀 더 잘 이해하게 된다. 우리들 대부분은 자신이 이성에 의해 판단한다고 주장하지만 실제로는 감성에 의해 판단할 때가 많다.

하지만 세일즈맨이 고객의 감성을 자극하는 질문만 한다면 일시적으로는 고객의 행동을 변화시킬 수 있으나, 시간이 지나면 고객은 얼마든지 변심할 수 있다. 구매하고자 하는 마음이 사라지고 확실한 것처럼 보였던 계약이 최종 단계에서 깨어질 수가 있다. 반면에 세일즈맨이 고객의 이성에만 의존하는 질문을 한다면 그때는 우리가 고객에게 스스로의 니드와 제품 혹은 서비스의 이점을 가르쳐 줄 수는 있지만 그들의 감성을 자극하지는 못하게 된다. 즉 그들은 자신의 감성을 자극하는 다른 세일즈맨을 찾아 떠날

지도 모른다. 그러므로 우리는 그들의 감성과 이성을 적절히 자극할 필요가 있다. 감성적인 질문은 고객에게 지금 당장 행동을 취하게 만들고, 이성적인 질문은 그들에게 자신의 선택을 정당화시켜 준다.

감성과 이성을 적절히 배합하라

고객에게 저렴하게 공급할 수 있는 재화나 서비스가 있다고 가정해 보자. 당신이 제품설명을 다 한 뒤 마지막으로 고객에게 정말로 당신의 제품이나 서비스가 저렴하다는 인상을 심어 주고자 한다면 다음의 세 가지 질문을 할 필요가 있다.

"우리 제품이 선생님께 정말 저렴한 것 같지 않습니까?"

"선생님, 돈을 아끼시고 싶으시죠?"

"만일 선생님께서 돈을 아끼실 생각이시라면 지금이 절호의 기회라고 생각하지 않으세요?"

우리가 직면하는 가장 강렬한 감정은 바로 두려움이다. 아마도 당신은 다음의 오래된 격언을 알고 있을 것이다.

"잃는 두려움은 얻고자 하는 욕구보다 더 크다."

그러므로 당신은 고객이 돈을 잃을지 모른다는 두려움을 떨치도록 도와 주어야 한다. 위의 세 가지 질문 중 첫 번째 질문, "우리 제품이 선생님께 정말 저렴한 것 같지 않습니까?"는 두려움을 없애 주기 위한 것이다. 그리고 고객의 감성을 건드리기 위한 질문이다.

두 번째 질문은 상당히 노골적으로 보이지만 반드시 물어 보아야 한다. 이러한 직설적인 질문, 즉 "선생님, 돈을 아끼시고 싶으시죠?"는 고객을 감성의 세계에서 이성의 세계로 데려오기 위해서이다. '물론이지, 난 돈을 아끼고 싶어. 제정신이라면 누구나 다 그렇지 않나?' 비록 고객이 겉으로는 안 그런 척 하더라도 속으로는 이렇게 생각할 테니 말이다.

스스로 당신의 제품이 싸다는 데 동의한 고객은 이제 돈을 아끼고 싶은 강렬한 욕구를 갖게 될 것이다. 여기서 세 번째 질문, "만일 선생님께서 돈을 아끼실 생각이시라면 지금이 절호의 기회라고 생각하지 않으세요?"는 즉각적인 행동을 유발하기 위해 던지는 것이다. 여기서 이 질문의 목적은 고객에게 지금 당장 행동에 옮기지 않으면 돈을 잃는다는 불안감을 감성적으로 불러일으키기 위해서이다.

만일 당신의 제품 혹은 서비스가 건강에 도움을 주는 것이라면 마찬가지로 당신은 다음 세 가지 질문을 활용하면 된다. 건강기구, 비타민, 헬스클럽 멤버십, 물리치료 등 모든 부문에 해당된다.

"이것이 얼마나 선생님 건강에 유익한지 보셨죠?"

"건강하고 활력이 넘치는 건강한 몸을 유지(회복)하는데 관심 있으시죠?"

"지금부터라도 건강을 관리하실 생각이라면 지금이 바로 그때라고 생각하지 않으세요?"

여기서 잠시 생각을 멈추고 당신이 파는 제품이나 서비스의 최대 이점이 무엇인지 생각해 보아라. 사람들이 당신의 제품 혹은 서비스를 구매하는 가장 큰 이유가 무엇일까? 이제는 당신이 직접 감성과 이성이 결합된 세 가지 질문을 만들어 보자.

나의 제품이나 서비스가 갖는 최대 이점은?

내가 고객에게 던질 3가지 질문은 :

"＿＿＿이 이해되시나요?"

"＿＿＿에 흥미가 있으신가요?"

"지금이 ＿＿＿에 가장 좋은 때라고 생각하지 않으십니까?"

만일 당신이 시간과 노력을 들여 이런 질문을 만들지 않았다면 나는 당신에게 이렇게 묻고 싶다.

"판매과정에서 감성과 이성을 결합시키는 것이 당신의 계약체결에 얼마나 도움을 주는 지 이해하시죠?"

"당신은 영업을 더 잘하고 싶으시죠?"

"지금이 당신이 더 많은 계약을 체결하기 위한 가장 좋은 때라고 생각하지 않으십니까?"

상황에 맞는 질문을 선택하라!

고객의 니드와 요구를 발견하기 위한 질문에는 세 가지 기본적인 유형이 있다. 그리고 모든 질문—감성적인 질문과 이성적인 질문—은 그 세 가지 기본적인 유형 중 하나에 반드시 해당한다.

_개방형 질문

첫 번째 유형은 개방형 질문이다. 개방형 질문은 응답자가 원하는 대로 마음껏 대답할 수 있도록 허용하는 질문을 일컫는다. 이 질문의 목적은 고객을 구속하지 않기 위해서이다. 즉, 그들이 자유롭게 대답할 수 있도록 하기 위한 것이다.

개방형 질문을 통해 보통 "누가, 무엇을, 어디서, 언제, 어떻게, 왜" 등을 파악할 수 있다. 그리고 개방형 질문은 보통 다음과 같은 문구로 시작한다. "……에 대해 어떻게 생각하시나요?" 혹은 "……에 대해 어떤 느낌이 드나요?

다음은 개방형 질문의 보기들이다.

1. 당신의 일에서 가장 좋은 점이 무엇입니까?
2. 앞으로 5년 안에 내 당신의 상황이 어떻게 변할 것 같습니까?

개방형 질문의 목적은 고객으로 하여금 하고 싶은 말을 마음껏 할 수 있도록 허용하는 것이다. 만일 당신이 "예"나 "아니오" 중 하나를 선택해야 하는 질문을 한다면 당신은 고객에게서 많은 정보를 얻을 수가 없다. 개방형 질문을 하도록 하라.

그리고 가볍게 툭 건드려라! 개방형 질문에서 흔히 발생하는 실수는 해답을 제공한다는 점이다. 당신은 사지선택형 질문을 하는 것이 아니다. 개방형 질문을 하게 되면 종종 침묵의 순간이 있다. 그 침묵의 시간이 불편할 수도 있지만 상대가 당신의 질문을 생각하고 대답을 하기 위해서는 반드시 필요한 순간이다. 기다리는 시간이 귀찮다거나 상대가 무슨 대답을 할지 알고 있음을 드러내려고 질문에 대한 해답을 사전에 제공해서는 곤란하다.

_ 폐쇄형 질문

질문의 두 번째 유형은 폐쇄형 질문이다. 개방형 질문이 고객에게 자신의 생각을 자유롭게 표현하기 위한 것이라면 폐쇄형 질문은 특정 사항에 관한 그들의 생각이나 의견을 듣기 위한 것이다. 폐쇄형 질문은 보통 다음과 같이 시작한다. "……에 대해 어떻게 생각하시는지 말씀해 주시겠습니까?" 혹은 "참 놀랍군요. 선생님에게 ……이 어떤 의미인가요?"

다음은 폐쇄형 질문의 보기이다.

1. 사내에서 선생님의 부서규모가 다른 부서의 규모와 비교할 때 어떻습니까?

2. 선생님의 목표가 소득을 증대시키는 거라고 말씀하셨는데, 그렇다면 그 추가 이익을 어디에 사용하시려는 겁니까?

_ OX형 질문

질문의 세 번째 유형은 OX형 질문이다. 이 질문 유형은 단도직입적인 대답을 요구한다. 하지만 우리가 이런 질문을 하는 경우는 이미 상대가 어떤 대답을 할지 알고 있을 때이다. 따라서 이런 질문을 너무 자주해서는 안 된다. 자칫 고객에게 당신이 교만하다는 인상을 줄 수 있다.

또 OX형 질문은 당신의 생각과 성격을 상대에게 고스란히 드러내게 된다.

다음은 OX형 질문의 보기이다.

1. 이것이 선생님의 지출을 줄인다는 사실에 동의하십니까?
2. 제가 말씀드린 게 선생님이 바라는 것과 일치하나요?

OX형 질문은 당신에게 세일즈 과정의 진척 정도나 흐름을 파악하게 해 준다. 일부 세일즈 트레이너들은 이 OX형 질문을 '시험계약' 이라고 부르기도 하는데, 그것은 고객의 대답을 통해 거래제의 단계에 진입해도 되는지의 여부를 알 수 있기 때문이다.

당신의 목소리는 백만 불의 가치가 있다

　판매에 있어서 가장 중요한 도구는 두말 할 것 없이 세일 즈맨의 목소리이다. 언어 치료사들의 의견에 따르면, 우리 사회 구성원 중 듣기 좋은 목소리를 타고 난 사람은 5%에 지나지 않는다고 한다. 그렇지만 나머지 사람들도 훈련을 통해 좋은 목소리로 바뀔 수 있다. 어떻게 하면 될까? 간단한 방법으로 이 책을 소리내어 읽으면서 당신의 음성을 녹음하는 방법이 있다. 그리고 녹음된 목소리를 들으면서 다음의 질문을 스스로에게 해 보아라.

　"나라면 이런 목소리를 가진 사람에게서 물건을 살까?"

　녹음한 자신의 음성을 들으며 스스로에게 그 질문을 수백 번 하라. 그리고 좀더 고객에게 호감을 주는 목소리를 갖고자 한다면 전문기관에서 훈련을 받도록 하라. 또 당신이 고객에게 어떻게 말하는지 알 수 있도록 상담내용을 녹음하는 방법도 유용하다. 이러한 방법들은 성공에 꼭 필요한 장점, 즉 당신의 목소리를 가다듬고 상대를 설득시키는 힘을 갖게 해 준다.

당신은 고객과 교감하는 상담가이다

주어진 신체적 조건 내에서 말과 행동을 하는데 꼭 필요한 자세로써 마지막으로 당신에게 필요한 자질 한 가지가 더 있다. 그것은 바로 '당신이 하는 일이 고객과의 만남을 통해 그들의 요구와 필요를 밝혀 내는 것임을 인식' 하는 것이다. 다시 말해 당신은 자상한 상담가이다. 피고를 심문하는 검사가 아니다.

당신은 고객에게 진정한 관심을 보이는가? 당신은 고객에게 질문을 할 때 고객에게 듣게 될 대답을 예상하고 그 대답에 대한 만반의 준비를 사전에 하는가? 형편없는 말솜씨보다 더 당혹스러운 일은 고객이 무슨 대답을 할지 생각도 하지 않은 채 무턱대고 질문을 하는 것이다. 이것이야말로 전문 세일즈맨에게 있어 치명적인 결함이다.

제 7 장

고객과 편안한 대화를 나누어라

내 친구이면서 동료 강연자인 짐 캐스카트는 '이너뷰innerview'를 가르치고 있다. 이너뷰란 니드분석에서 정보를 모으는 데 중요한 인터뷰를 머릿속으로 그려보는 가상의 인터뷰를 말한다. 당신이 고객과의 이너뷰를 성공적으로 수행한다면 당신의 판매성과는 놀라울 만큼 증대할 것이다!

P.O.G.O 공식

아무리 탁월한 전문 세일즈맨이라도 처음 만나는 고객

에게 질문들을 퍼붓기란 어려운 일이다. 그런데도 불구하고 안타깝게도 많은 세일즈맨들이 자신에 대한 소개도 없이 처음부터 고객에게 정보를 얻고자 애를 쓴다.

P.O.G.O 공식이란 당신과 고객이 편안한 인터뷰를 할 수 있도록 도와 주는 전략이다. P.O.G.O는 고객이 편안한 상태에서 자신의 요구를 밝히도록 도와 주고 당신이 그 요구를 충족시킬 수 있는 구체적 기법들을 가르쳐 준다.

_ 사람

P.O.G.O 공식에서 P(Person)는 사람을 의미한다. 고객에 대한 진정한 관심은 아주 중요한 문제이다. 지금 당장 고객과 관련한 몇 가지 질문을 생각해 보라. 그 질문 속에 당신 자신에 관한 개인적 정보를 담아도 괜찮다. 고객과 공통의 관심사를 나누기 위해 당신에 대한 정보를 주어라. 다만 당신에 관한 이야기가 대화의 중심이 되어서는 곤란하다. 당신에 관한 이야기가 전체 대화의 25%를 초과해서는 안 된다. 다시 말해 고객에 관한 75%, 당신 자신에 대해 25%가 되어야 한다.

진정한 전문 세일즈맨이라면 고객을 진심으로 아끼고 지속적인 방문과 전화를 통해 정보를 수집해야 한다. 당신의 진심을 고객이 깨닫는 순간, 당신에게 큰 거래제의가 들어오거나, 그들의 특별한 저녁파티에 초대받는 기적이 일어날 수도 있다. 판매에서 기억해야 할 핵심은 간결함, 따뜻함, 솔직함, 그리고 친근감이다.

또한 사람과 관련된 질문을 개발하도록 하라. 나의 친구인 게르하르트 게쉬완드터너Gerhard Gschwandtner는 셀링 파워Selling Power 지의 발행인이자 〈판매에서 유용한 질문들The Sales Question〉의 저자이기도 하다. 그 책에는 각각의 상황에 유용한 수백 가지 질문들이 일목요연하게 정리되어 있다. 그 책에 수록된 각각의 질문들을 참고로 당신의 상황에 맞는 질문들을 직접 만들어 보면 큰 도움이 될 것이다. 다음은 사람을 중심으로 한 질문들이다.

개방형 질문—사람

1. 선생님께서는 어떻게 이 일에 종사하시게 되었나요?

2. 선생님 고향이 어디시죠?

폐쇄형 질문—사람

1. 선생님께서는 골프(혹은 테니스, 사냥 등)를 하신 지 얼마나 되셨나요?

2. 지금 하시는 일이 마음에 안 드신다면 어떤 일을 하고 싶
   으십니까?

1. 달라스에 사는 것이 마음에 드시나요?
2. 가족과 충분한 시간을 보내시나요?

_ 일과 조직

P.O.G.O 원칙 가운데 O(Organization)는 일과 조직을 뜻
한다. 고객 개인에 관한 대화가 끝나면 다음은 일과 조직
에 관한 대화로 넘어가라. 마찬가지로 당신의 일과 조직에
대해 신중하게 이야기하라. 이때도 앞의 경우와 같이 전체
대화에서 당신과 관련된 부분이 25%, 고객과 관련된 부분
이 75%를 차지하도록 해야 한다.

나는 지금 당신에게 당신의 회사에 대해 이야기해서는
안 된다고 말하는 것이 아니다. 일부 고객들은 당신에 대
해 알고 싶어한다. 따라서 그들에게 당신의 회사가 탄탄하
고 유망하다는 신뢰성 있는 정보를 줄 필요가 있다. 하지
만 당신의 일과 조직에 관한 이야기가 대화의 중심이 되어
서는 안 된다. 당신의 목적은 그들에게 당신의 일과 조직

에 대한 신뢰를 심어 주고, 당신에게 유용한 (즉 계약체결에 필요한) 정보를 얻는 것이다. 조직과 관련된 질문을 개발하라. 여기 당신이 활용 가능한 몇 가지 질문들이 있다.

개방형 질문──일과 조직

1. 저에게 선생님의 조직에 관해 설명해 주시겠습니까?
2. 선생님께서는 지금의 직장생활에서 어떤 점이 가장 흥미롭고 만족스럽습니까?

폐쇄형 질문──일과 조직

1. 선생님이 속한 부서는 어떤 일을 합니까?
2. 조직에서 어떤 종류의 리더십 훈련을 받으십니까?

OX형 질문──일과 조직

1. 선생님께서는 현재의 소득에 만족하십니까?
2. 선생님의 조직은 바라는 대로 성장하고 있습니까?

_목표

P.O.G.O 원칙에서 G(Goals)는 목표를 의미한다. 이제는 고객의 개인적 · 직업적 목표에 관한 정보를 수집해야 할

때이다. 보통의 세일즈맨들 대부분은 위의 두 정보를 얻었다는 사실에 만족하며 거래제의 단계로 곧장 넘어가는 경향이 많다. 하지만 전문가는 끊임없이 고객을 탐색한다. 목표를 발견하기 위한 질문을 하도록 하라. 다음은 당신이 이너뷰를 하는 데 응용할 수 있는 몇 가지 질문들이다.

개방형 질문──목표

1. 선생님의 개인적 · 직업적 목표는 무엇입니까?
2. 선생님께서는 왜 이것을 최우선 목표로 정하셨습니까?

폐쇄형 질문──목표

1. 지금 선생님은 자신의 목표를 이루고자 어떤 노력을 하시고 계십니까?
2. 선생님은 언제쯤 자신의 목표를 이룰 수 있다고 생각하십니까?

OX형 질문──목표

1. 과거에 선생님은 계획하신 목표를 이룬 적이 있으십니까?
2. 선생님은 확고한 목표가 있으십니다, 그렇지 않습니까?

이루지 못한 꿈을 알아내라. 왜 대부분의 사람들은 자신의 목표를 성취하지 못하는 것일까? 그것은 무엇보다 자신의 참된 목표를 알지 못하기 때문이다.

세일즈의 목표는 주로 돈과 관련된 경우가 많지만, 결코 돈이 목표가 되어서는 안 된다. 진정한 목표를 이루다 보면 돈은 자연스럽게 따라오기 마련이다. 당신의 목표가 고객에게 아름다운 집을 지어 주는 것이든 혹은 고아원을 만들어 주는 것이든 간에 무엇보다 가장 중요한 것은 참된 목표를 정하는 것이다.

마찬가지로 당신의 고객들 또한 목표가 무엇이냐는 질문에 돈과 관련된 대답을 할 것이다. 그때 당신은 이렇게 물어라.

"왜 그것이 선생님께 중요합니까?"

이것은 당신이 고객의 참된 목표를 발견하기 위한 시작 단계이다. 사람들은 목표가 무엇이냐고 물으면 아무 생각 없이 대답할 때가 많다. 그러므로 이 단계에서 곧바로 상담으로 넘어가서는 안 된다.

여기서 당신의 목적은 고객이 당신에게 진정한 목표를 털어놓도록 하는 것이다. 유능한 전문 세일즈맨들조차 거의 성사될 뻔했던 거래를 번번이 놓치는 까닭은 바로 고객의 진정한 목표를 밝혀 내지 못한 데 있다.

_ 장애물

P.O.G.O 공식에서 마지막 O(Obstacles)는 목표를 달성하기 어렵게 만드는 장애물을 의미한다. 노먼 빈센트 필은 다음과 같이 말했다.

"만일 당신이 인생에서 역경도 장애물도 없는 사람을 만나고 싶다면 곧장 묘지로 달려가라. 그리하면 어느 순간 그 속에도 엄청난 역경이 있음을 깨닫게 될 것이다."

우리가 부딪히는 거의 모든 사람들은 저마다의 어려움이 있다. 누군가가 이런 말을 했다.

"거리로 나가서 누군가에게 '지금 막 당신의 고충에 대해 들었습니다'라고 말해 보아라. 그러면 그 사람은 대뜸 '누구한테 들었습니까?'라고 대답할 것이다."

난관이나 어려움은 당신이나 고객 모두에게 있다. 그렇다고 당신과 고객이 서로 어려움을 나누지 말라는 말은 아니다. 다만 여기서 당신이 해야 하는 일은 고객의 어려움을 해결할 수 있는 방도를 찾는 데 있다. 장애를 발견하는 질문을 하도록 하라. 다음은 당신이 고객의 어려움을 발견하는 데 도움이 되는 질문들이다.

개방형 질문―장애물

1. 선생님은 무엇 때문에 자신이 하고 싶은 것을 하지 못했습니까?

2. 선생님이 겪고 있는 어려움이 무엇입니까?

폐쇄형 질문―장애물

1. _____(특정 장애물)을 극복하기 위해 현재 어떤 노력을 하십니까?

2. 극복하기 가장 어려운 장애물이 무엇입니까?

OX형 질문―장애물

1. 선생님은 장애물을 극복하는 또 다른 방법이 있다고 생각하십니까?

2. 선생님은 자신을 가로막는 장애물을 극복하기 위해 어떤 계획을 수립하셨습니까?

_ 철저히 준비하라

P.O.G.O 공식은 준비단계에서 필수적인 수단이다. 제품 설명을 완벽하게 준비할 수는 없다. 하지만 당신이 최선을 다해 준비하게 되면 좌뇌(체계적이고 조직적이고 논리적인 행

동을 담당하는 뇌기관)가 이미 최고의 기능을 수행한다. 또한 우뇌(창의적이고 자유로우며 시각적 역할을 담당하는 뇌기관)가 예기치 않은 사태나 장애를 최대한 잘 처리할 수 있게 한다. 성공에 있어 준비는 필수적이다.

처음에는 이런 힘든 훈련의 과정을 극복하는 데 어려움을 겪을지 모른다. 하지만 준비단계는 판매에 큰 도움이 된다.

다음으로 상담시간은 얼마로 할 것인가? 준비단계에서 꼭 필요한 부분은 상담시간을 정하는 일이다. P.O.G.O 과정에 돌입할 때 당신은 고객에게 정확히 얼마나 시간을 할애할지 구체적으로 계획해야 한다. 그리고 일단 당신이 그 시간을 정하면 고객이 원하지 않는 한 그 시간을 초과해서는 안 된다.

일부 고객은 상당히 성미가 급해서 심지어 니드분석에서 이미 짜증을 낼 때가 있다. 그들은 충동적이고 성급하여 직설적으로 이야기해 주길 원한다. 만일 고객이 "그것이 나에게 어떤 이익을 주고 가격이 얼마인지 알고 싶다"고 묻는다면, 당신은 즉각 제품이나 서비스의 이점을 말해 주어야 한다. 질문을 통해 당신의 최대 장점—많은 사람들이 당신의 제품이나 서비스를 구매하는 결정적 이유—

을 강조하도록 하라. 그리하여 긍정적인 대답이 나오면 일목요연하게(장황하게 말하지 말라) 제품에 대해 설명하도록 하라.

이때 당신은 정도正道를 벗어난다거나 당혹해 하거나 혹은 곧바로 거래체결의 단계로 넘어가서는 안 된다. 본래의 계획을 고수하되 각 단계를 축소시키면 된다. 하지만 만일 당신이 간략하게 이야기하는데도 고객이 계속 끼어 든다면, 그때는 "선생님, 저는 선생님께 가능한 최선을 다해 드리고 싶습니다. 괜찮으시다면 다시 만나 이야기할 시간을 잡는 게 어떨까요?"라고 말하라. 고객이 그러자고 하면 당신은 즉각 약속을 잡고 그 자리를 떠나라. 그리고 가능한 빨리 상사를 만나 그 문제를 상의하라.

더 빨리 최종단계에 이르는데 성공하는 세일즈맨이 있는가 하면 더 늦게 최종단계에 이르는 세일즈맨도 있다. 상사에게 당신이 그렇게 빨리 최종단계에 이르게 된 원인이 무엇인지 묻고 도움을 받아라.

구매할 의사가 있는 고객은 대개 다음과 같은 질문을 한다.

"그 제품에는 몇 가지 크기가 있습니까? 지금 보여주신 색상밖에 없나요? 결제는 주로 어떻게 하나요?"

제품설명의 단계에서 고객이 이런 질문을 던지면 "어떤 색상이나 크기를 찾으시나요?"라고 물어라. 그리고 그것을 주문장에 적어라(제품 설명을 끝까지 하겠다고 고집 피우지 말라).

니드인식의 단계로

이제 드디어 진정한 순간이 다가왔다. 지금까지 당신은 고객 자신에 대해, 고객의 일과 조직에 대해, 고객의 목표에 대해, 그리고 그 목표를 막는 장애물에 대해 파악하게 되었다. 이제 당신은 무엇을 해야 할까? 이제 당신은 세일즈 과정의 다음 단계, 니드인식을 시작해야 한다.

제 8 장

고객의 니드를 인식시켜라

비록 당신이 고객의 니드를 확실하게 알게 되었다 하더라도 당신은 계속해서 다음의 두 가지 기본적인 사실을 규명해야 한다. 즉, (1) 당신 스스로가 고객의 참된 니드와 그 니드의 표상을 확실히 구별하고, (2) 고객이 자신의 진정한 니드를 인식하는지 확인해야 한다.

고객의 '동적 평형' 감각을 자극하라

몇 년 전 바이런 플래너건은 내게 '동적 평형homeostatic balance'이라는 이론을 소개해 주었다. 일명 '생체 항상성'

이라고도 하는 이것은 생물체가 외적인 힘을 받기까지 항상 완벽한 평형상태를 유지한다는 이론이다. 외적인 힘이 생물체의 본래 상태를 혼란스럽게 하여 불안한 상태로 만든다. 마찬가지로 우리도 평형이 깨지는 순간까지는 좀처럼 행동하지 않는다. 일단 우리가 균형을 잃게 되어야만 그제야 비로소 균형을 잡기 위한 적절한 조치를 취한다.

동적 평형이론은 고객이 자신의 니드를 깨닫는 데 도움이 된다. 그리고 세일즈맨은 고객이 불균형 상태에 있음을 보여줌으로써 고객의 동적 평형을 자극한다.

잘못을 지적했으면 그 해결책도 주어라

당신은 고객의 평형상태를 깨뜨리는 것이 아니다. 당신은 이미 깨어진 불균형을 발견하고 그 사실을 고객에게 지적해 주는 것이다. 본질적으로 그것은 고객에게 자신이 처한 조건이나 상황에 대한 불만을 갖게 한다. 그럼으로써 고객은 자신의 문제를 해결하고 싶어하기 때문에 당신은 거래를 성사시킬 수 있는 유리한 위치에 서게 되는 것이다.

고객이 자신의 불균형 상태를 인식하는 경우, 다음 세 가지 상황이 발생한다. 첫째, 세일즈맨은 계약을 체결하고 이제 그 임무를 완수하기만 하면 된다. 둘째, 고객은 자신의 불균형 상태를 인식하게 되지만 세일즈맨이 거래를 제의하지 않음으로써 차츰 본래의 상태로 돌아가 실제 불균형 상태였음을 잊어버린다. 셋째, 고객은 자신의 불균형 상태를 인식하지만 마찬가지로 세일즈맨이 거래제의를 하지 않고 제2의 판매원이 고객을 찾아와 거래를 제의한다. 결국 제2의 세일즈맨이 계약체결에 성공하고 고객은 평형상태가 된다. 모두가 만족하는 상황이 이루어진다. 당신만 제외하고!

니드인식을 위한 훈련

고객이 자신의 불균형 상태를 깨닫도록 하기 위해서는 반드시 질문을 던져야 한다. 그리고 그 질문은 당신의 제품, 회사, 가격, 실용성, 경쟁자에 관한 지식에 기초해야 한다.

_ 제품에 관한 지식

제품이나 서비스에 대한 열정은 제품에 대한 지식과 고객을 만족시키는 대화에서 우러나온다. 자신의 제품이나 서비스에 대한 지식이 거의 없는 상태에서 어떻게 열정이 나올 수 있을까? 제품의 역사에 관한 정보를 습득하라. 그것이 왜 탄생되었고, 어떻게 만들어지는지, 그것이 어떤 역할과 기능을 갖고 있는지, 그러한 기능이 왜 필요한지를 이해하라. 그리하면 당신은 제품에 대한 더 많은 지식과 정보를 얻고 싶어 할 것이다.

_ 회사에 관한 지식

당신이 자신의 회사에 대한 전반적 지식을 알게 될수록 당신에게 가장 중요한 '동기'를 더 잘 이해할 수 있게 된다. 당신 회사의 역사를 살펴보아라. 그리하면 제품이나 서비스가 현재 수준으로 발전해 온 경로를 이해하게 될 것이다. 그런 다음 해당 산업의 역사를 살펴보아라. 그리고 해당 산업의 5년 혹은 10년 뒤의 모습을 그려보아라. 그 미래가 당신이 지금보다 더 많은 사람들을 도와 줄 수 있을 만큼 긍정적인가?

어떤 산업이든 제품관련 소식, 업계동향 분석, 관련법규나 정책에 관한 최근 소식, 광고 등을 담은 간행물을 발행

한다. 당신의 세일즈 능력은 업계에 관한 전반적인 지식에 달려 있기도 하다. 그리고 이성적인 고객이라면 당신을 여느 다른 세일즈맨들과 다르게 볼 것이다.

_ 가격에 관한 지식

왜 고객은 당신에게 제품이나 서비스의 가격을 묻는 것일까? 당신은 제품(서비스)의 가격이 그것이 주는 이점에 합당하다고 생각하는가? 당신이 얻는 이익은 얼마나 되는가? 비용과 가격의 차이를 아는가?

가격에 관한 지식은 다른 많은 부분까지 포함한다. 즉 힘든 시장상황에서 이윤을 극대화하는 법, 적절한 시장가격을 정하는 법, 변화하는 경제상황에 부합하는 가격부가 전략, 가격협상 등이 필요하다. 하지만 우리와 같은 세일즈 분야의 종사자 대부분은 그런 부분까지 다 갖출 필요는 없다. 우리에게 필요한 것은 제품(서비스)의 가격이 얼마이고, 왜 그 값이 합당한지를 고객에게 인식시켜 주는 것이다.

대부분의 세일즈맨들은 가격이 세일즈에서 가장 결정적 요소라고 잘못 생각한다. 사실 대부분의 세일즈에서 가격은 그다지 중요하지 않다.

미주리 주 파밍턴 출신의 빌 콜러웨이는 그 지역 사무용품 회사의 세일즈맨으로 퍼스널컴퓨터를 판 적이 있었다. 그러던 어느 날, 그는 한 요양시설로 전화를 걸었고 마침내 원장과 구매상담을 하기에 이르렀다. 하지만 원장은 생각해 보겠다는 말만했다. 빌은 갖은 애를 써 보았지만 끝내 계약을 할 수 없었다. 그들은 정말로 생각해 볼 시간이 필요했기 때문이었다.

그로부터 일주일 후 빌은 원장으로부터 나쁜 소식 한 가지를 접하게 되었다. 원장이 확인해 본 결과 세인트루인스 지역에서는 빌의 제품과 유사한 컴퓨터를 1,600달러 이상 싸게 판다는 것이었다. 따라서 원장으로서는 값이 더 저렴한 제품을 사고 싶다는 것이었다.

빌은 이에 동요하지 않았다. 그는 원장이 정말로 원하고 필요로 하는 것이 무엇인지 깨닫게 만들기로 마음먹었다.

"잠시 동안 원장님의 현재 요구와 미래의 요구에 생각해 볼까요. 원장님께서는 구입하시려는 컴퓨터를 얼마나 사용하실 계획이십니까?"

원장이 대답했다.

"적어도 10년은 사용해야죠."

"바로 그겁니다."

빌이 말했다.

"제가 권한 컴퓨터와 세인트루이스에서 직접 보신 컴퓨터의 차이는 사실 1,600달러라는 값의 차이입니다."

빌은 쉬지 않고 말했다.

"원장님께서는 컴퓨터의 수명이 10년은 되어야 한다고 말씀하셨는데, 그렇다면 어디 두 제품의 차이를 한번 살펴보기로 하죠. 사실 1,600달러는 1년이면 160달러, 한 달이면 13달러, 하루면 고작 43센트가 됩니다."

그런 다음 빌은 중요한 질문 하나를 던졌다.

"원장님께서는 언제든 필요할 때마다 찾아와서 컴퓨터를 점검하고 수리해 주는 회사에 하루 43센트를 투자하시는 것이 과연 무리라고 생각하시는지요?"

"아, 과연 그렇군요!"

원장은 대답했고, 마침내 빌은 성공했다!

빌은 제품설명의 첫 단계에서 그가 가진 모든 정보를 털어놓지 않았다. 그는 계약 성사단계에서 꼭 필요한 핵심 정보를 남겨 두었던 것이다.

때때로 손해에 대한 두려움은 이익에 대한 요구보다 크기 때문에 빌은 이렇게 물을 수도 있다.

"골칫거리를 말끔히 해결할 수 있다면 43센트는 투자할

만한 가치가 있는 것 아닐까요?"

"만일, 원장님이 세인트루이스의 매장에서 컴퓨터를 구입하셨다가 혹 고장이라도 난다면 점검 서비스를 받는 데 적게는 하루에서 많게는 일주일이 걸릴 수도 있죠. 그러면 원장님이 입게 될 손해가 얼마나 될까요?"

컴퓨터 구매자에게 가장 민감한 부분은 컴퓨터를 사용할 수 없을지도 모른다는 두려움이다. 이러한 경우는 생산 설비와 같은 각종 기자재의 경우에도 마찬가지이다. 빌의 사례에서 가장 큰 차이점은 빌이 제공할 수 있는 서비스였다.

주요 핵심을 파악하라. 제품의 가격은 돈 그 이상의 것을 포함한다는 것을 기억하고 또 기억하라.

_ 실용성에 관한 지식

제품의 용도나 실용성은 고객에게 그 제품의 필요성을 부각시키는 데 큰 도움이 된다. 세일즈의 성공여부는 그 제품의 유용성에 달려 있고, 그 유용성은 당신의 제품설명 능력에 달려 있다. 당신이 제품이나 서비스의 실용성을 이해하고 다른 사람들에게 그것을 이해시킬 수 있다면 당신은 더 많은 사람들을 도와 주고 동시에 더 많은 계약을 체결할 수 있다.

_ 경쟁자에 관한 지식

당신은 계약을 체결하는 데 실패하는 이유를 아는가? 대부분의 경우에서 당신은 외부 경쟁자와 부딪힐 수밖에 없다. 당신은 자신의 경쟁상대가 누구인지 아는가? 당신은 경쟁상대를 이기지 못하는 이유를 아는가? 당신은 왜 그들에게 계약을 뺏기는지 이유를 아는가?

경쟁상대에 관한 지식은 당신이 고객에게 그들의 니드를 만족시켜 줄 수 있는 사람임을 인식시킬 때 여러 가지로 도움이 될 수 있다. 경쟁상대에 관한 지식이 있으면 경쟁에서 우위를 점하기 위한 전략을 강구할 수 있다.

판매의 참된 목적은 고객을 돕는 것이다

드디어 당신은 지식으로 철저히 무장했다. 이제부터는 본격적인 세일즈를 위한 질문 단계로 넘어가야 한다. 여기서 명심해야 하는 중요한 일은 당신이 고객에게 그의 불균형 상태를 보여줄 때 당신에게 해결책도 있다는 것을 인식시키는 일이다. 해결책도 없이 문제점만 늘어놓는 사람만큼 짜증스런 사람도 없다.

당신이 세일즈를 하는 이유가 사람들을 돕기 위해서인가? 아니면 그들에게 상처를 입히기 위한 것인가? 만일 당신이 문제를 해결(불균형을 바로 잡아 주는)하기 위해 세일즈를 한다면 그에 합당한 보상을 받는다. 하지만 만일 그 반대라면 과연 고객이 당신과 거래하려 할까? 당신이 고객에게 진심으로 관심을 기울이지 않는다면 당신 역시 다른 어떤 것도 기대해서는 안 된다.

섬광이 그대를 비추는가?

일단 섬광이 그대를 비추고(즉 당신이 고객의 니드와 그 해결책을 아는 것), 그 섬광이 고객을 비추면(즉 고객이 자신의 니드를 알고 당신에게 그 해결책이 있다는 것을 인식하는 것), 당신은 세일즈 과정의 다음 단계인 니드해결로 넘어가야 한다.

제 9 장

니드해결의 단계—세일즈는
고객의 문제를 해결하기 위한 것이다

루지애나 주 라피엣의 케빈 젠킨스는 엉덩이를 들썩거리고, 혈액순환을 도우며, 근육을 이완시키고, 마음을 평안하게 하면서, 심신의 피로를 해소하는 제품을 팔았다.

　케빈은 제품설명에 앞서 우선 자신의 제품이 건강에 얼마나 탁월한 효능이 있는지 척추지압사와 의사들이 입증한 구체적이고도 사실적인 검증결과를 고객에게 제시한다. 다음으로 그는 고객이 직접 제품의 효능을 체험할 수 있는 기회를 통해 경쟁사의 제품과 비교할 수 있게 해 준다. 그는 오로지 고객의 입장에서 자신의 제품이 고객에게 얼마나 유익한지를 집중적으로 설명한다. 결국 누군가가 누군가에게 어떤 것을 사는 이유는 바로 여기에 있다.

이쯤 되면 당신은 케빈이 파는 제품이 '물침대'라는 것을 눈치챘으리라. 여기서 나는 당신에게 한 가지 질문을 던지고자 한다. 만일 당신이 고객이고, 그 제품이 가진 모든 효능을 확실히 이해한다면 과연 당신은 그 제품이 무엇인지 신경을 쓰겠는가? 케빈 젠킨스는 간단한 수치를 이용해 고객에게 안락하고 건강한 생활을 그려 보임으로써 자신은 물론이고 고객을 만족시키는 데 성공했다.

고객이 제품의 이점을 상상하도록 하라. 또한 고객으로 하여금 고급차를 몰고 시원스럽게 달리는 자신의 모습을 상상하도록 만들어라. 고객 스스로가 사람들의 이목을 한 몸에 받는 근사한 옷을 입은 자신의 모습을 그리도록 도와주어라. 호수 너머 태양이 떠오르는 장관이 내려다보이는 집, 편안한 노후생활을 보장해 주는 금융상품 등등. 이렇듯 고객이 제품구매를 통해 얻을 수 있는 개인적인 이익을 직접 볼 수 있도록 제품의 이미지를 창출하도록 하라.

나는 무엇을 팔고
고객은 나에게서 무엇을 사는가?

우리는 고객에게 해결책을 제시하는 것이지, 제품을 파는 것이 아니다. 사람들은 제품을 사지 않는다. 그들은 제품이 주는 성과물, 즉 이익을 산다.

이제부터 당신은 잠시 하던 일을 중단하고 내가 던지는 간단한 질문에 대답해 보기 바란다. 각 질문마다 가능한 세 가지를 답하도록 하라.

첫 번째 질문 : 당신은 무엇을 파는가?

1.

2.

3.

두 번째 질문 : 고객은 당신에게서 무엇을 사는가?

1.

2.

3.

두 질문의 대답이 서로 일치하는가? 만일 그렇다면 당신은 다른 어떤 경쟁자보다 훨씬 더 우위에 있는 셈이다. 하지만 당신이 하던 일을 멈추고 내 질문에 대한 답을 생각하지 않았다면 다시 한 번 말하건대 꼭 생각해 보기를 바란다. 내 질문이 무척 단순해 보이겠지만 실제로는 아주 많은 생각을 필요로 하는 진지한 문제다. 그리고 그 대답은 당신에게 아주 큰 도움을 줄 것이다. 만일 이 질문에 대해 진지하게 생각하지 않거나 그 의미를 무시한다면 아마도 당신은 스스로의 대답에서 아무런 도움을 얻지 못할 것이다.

우리는 과거를 뛰어넘어 미래의 꿈을 향해 전진할 수 있는 수단을 판다

이제 내가 던진 질문에 대한 나의 생각을 말해 보기로 하자. 첫째, 당신은 무엇을 파는가? 나는 사람들이 과거에서 벗어나 미래의 꿈을 향해 지금 이 순간 최선을 다해 달려갈 수 있도록 삶을 변화시키는 수단을 판다. 둘째, 고객은 당신으로부터 무엇을 사는가? 그들은 과거를 극복하고 미래의 꿈을 간직하며 당당하게 현재를 살아가게 해 주는 도구를 산다. 자, 보라. 두 대답이 서로 일치하지 않는가?

특징 / 기능 / 이점

세일즈 과정에서 가장 중요하게 거론되는 것은 제품의 특징, 기능, 이점에 관한 것이다. 고객의 니드를 충족시키기 위해 우리는 다음 3가지 용어의 기본적인 의미를 제대로 이해해야 한다.

특징이란, 제품이나 서비스가 가진 하나의 특성이다. 즉 '제품이나 서비스가 어떤 것인가?' 이다. 특정제품이나 서비스에는 여러 가지 특징이 있을 수 있다. 예를 들어, '클립이 달린 볼펜' ─이것이 이 제품의 특징이다.

기능이란, 제품이나 서비스가 수행하는 특별한 역할이다. 즉 '제품이나 서비스가 어떤 역할을 하는가?' 이다. 특정제품이나 서비스에는 여러 가지 기능이 있을 수 있다. 예를 들어, '클립이 달린 볼펜'은 주머니에 꽂고 다닐 수 있다─이것이 이 볼펜의 기능이다.

이점이란, 특징과 기능을 사용할 때 얻게 되는 좋은 점이다. 즉 '그 특징과 기능이 어떤 이익을 주는가?' 이다. 특정제품이나 서비스에는 여러 가지 이점이 있을 수 있다. 예컨대 '클립이 달린 볼펜'은 잃어버릴 염려가 없기 때문에 돈을 아껴 주고 실용적이다.─이것이 이 제품의 이점이다.

_ 이제 당신의 무기를 만들 차례다

세일즈 트레이너들은 주로 특징, 기능, 이점을 설명할 때의 예로 볼펜을 많이 사용한다. 하지만 당신에게 중요한 것은 당신이 취급하는 제품이나 서비스이다. 이제 잠시 짬을 내어 당신이 판매하는 제품의 특징, 기능, 이점을 세 가지 이상 적어 보아라.

특징
1.
2.
3.

기능
1.
2.
3.

이점
1.
2.
3.

고객에게 문제 해결책을 제시할 때는 반드시 고객의 니드에 맞추어야 한다. 종종 많은 세일즈맨이 제품의 특징과 기능에 대해서만 강조하는 경향이 있다. 제품의 특징과 기능에 대한 설명은 고객에게 당신이 자신의 일과 제품에 대한 가치를 제대로 알고 있다는 믿음을 줄 수는 있다. 하지만 당신이 고객에게 제품의 이점을 분명하게 인식시키지 못하면 고객은 절대 돈을 꺼내지 않는다.

고객은 결코 제품 그 자체를 사지 않는다. 그들은 제품이 주는 이점을 산다. '잠김방지 브레이크'를 설명할 때, 그것이 가파른 내리막길에서 차를 미끄러지지 않게 해 주는 재난방지 수단임을 강조하지 않는 한 절대 팔릴 수가 없다. 5인치 두께의 단열재는 냉난방비를 줄일 수 있다는 이점이 없는 한 무용지물일 수밖에 없다.

이제 당신은 고객의 니드를 맞추는 것이 얼마나 중요한지 이해하게 되었고, 제품과 서비스의 특징, 기능, 이점의 차이점을 제대로 파악하게 되었다. 지금부터는 '거래제의'의 단계로 나아갈 준비가 된 셈이다.

제 10 장

니드만족을 위한 계약체결 단계의 ABC

수년 전 디트로이트 신문에 헨리 포드가 어마어마한 가격의 보험상품을 구입했다는 기사가 보도되었다. 당시 보험사에 근무하던 포드의 절친한 친구는 섭섭한 마음으로 포드에게 왜 자신한테 사지 않았느냐고 따져 물었다. 그러자 포드는 그 친구와 우리 세일즈맨 모두에게 교훈이 되는 대답을 했다.

"자네는 나한테 사라고 말하지 않았잖는가."

니드만족

성공적인 세일즈의 제4단계는 니드만족이다. 대부분의 고객의 경우 "예"라고 말하길 진심으로 원한다. 특히 당신이 니드분석, 니드인식, 니드해결을 성공적으로 완수했고, 상냥하고 전문적이며 고객에게 호의를 베풀 때는 더더욱 그러하다. 우리 모두는 관계가 단절되는 것을 원치 않기 때문에 웬만하면 "아니오"라고 말하고 싶어하지 않는다. 이는 우리 전문 세일즈맨들에게 있어 더할 나위 없이 좋은 조건이다. 그러므로 앞서 말했듯이 거래를 제의하라. 친절하고 전문가다운 태도로 반드시 주문을 요청하라.

끈질기게 설득하라

일리노이 주 문델레인의 존 커밍스는 세일즈 종결의 비법을 이해하는 사람 중 한 사람이다. 그가 자동차 세일즈 총책임자로 있을 때 그에게는 고객에게 자동차를 구매하도록 열심히 애쓰지만 번번이 실패하는 한 신입사원이 있었다.

그 지역 관리자 역시 계약체결 수완이 없기는 마찬가지였다. 그들은 네 차례나 고객에게 구매를 요청했다고 하지만 계약이 체결될 기미는 보이지 않았다. 바로 그때 짐 보그맨이라는 그 신입사원이 한 가지 아이디어를 내놓았다. 짐은 고객이 대리점을 떠나 집에 도착하고도 30분이 지났을 시간에 그에게 전화를 걸어 정중하고도 싹싹한 태도로 말했다.

"선생님, 저는 버나드 시보레 사에 근무하는 짐 보그맨이라고 합니다. 잠시 시간 좀 내어 주시겠습니까?"

그는 고객이 전화 받을 수 있는 상태인 것을 감지하고는 쉬지 않고 다음 말을 했다.

"선생님께 몇 가지 여쭈어도 될까요?"

고객이 동의했다. 그러자 곧바로 짐이 물었다.

"혹시 저희 대리점을 방문한 뒤 다른 자동차 판매대리점에도 가 보셨나요?"

"그렇긴 한데 왜 그러시죠?"

"거기서 자동차를 구입하셨나요?"

짐이 단도직입적으로 물었다.

"아니오."

고객은 짤막하게 말했다.

바로 그때 짐이 물었다.

"가격이 맞지 않았나 보군요."

"네, 맞아요."

"선생님, 하나만 더 여쭈어도 되겠습니까?"

"그렇게 하시죠."

"저희가 특별한 가격을 제시해 드리겠습니다."

짐은 시원스럽게 말했다.

"선생님, 버나드 시보레 첫 시승식으로 교외 어디에 가시고 싶으신가요?"

고객은 잠시 생각하더니 대답했다.

"켄터키!"

그 순간 짐은 환하게 미소지으며 (이는 고객과 세일즈맨 모두 만족한다는 뜻이다) 말했다.

"좋습니다. 좋아요. 선생님. 저희 매장으로 다시 나오실 수 있을까요? 선생님께서는 저희의 파격적인 조건에 분명 만족하시리라 믿습니다."

"짐, 당장 가도록 하죠."

맨 처음 짐은 그 고객에게 1,500달러를 제시했고 결국 거래가 이루어지지 않았다. 하지만 신참 세일즈맨의 열정과 재치, 성실함, 그리고 끈질긴 노력 덕분에—그리고 고객에 대한 이해와 그를 감성적으로 감동시키는 힘과 여러 차례에 걸친 거래 제의가 어우러져—마침내 짐 보그맨은 계약을 따내는 데 성공했다. 노력하는 초심자가 숙련자보다 더 성공한다는 사실을 꼭 기억하라.

이때 주의할 점 한 가지만 짚고 넘어가기로 하자. 만일 당신이 (1) 당신의 제품이나 서비스의 가치에 대한 확신이 없거나, (2) 처음 세 단계(니드분석, 니드인식, 니드해결)를 충실히 수행하지 못했거나, (3) 세일즈에 대한 자신감이 없다면, 다섯 번, 아니 그 이상으로 구매를 요청하더라도 계약체결에 성공할 수 없다. 당신이 긍정적이고 전문가다운 태도를 견지할 때 당신과 고객 모두에게 이익이 되는 상황을 만들 수 있는 것이다.

요구하라, 그러면 얻는다!

"항상 세일즈맨으로서의 자세를 견지하라!"

이것은 인류가 불을 발견한 원시시대 이후 최고의 명언이다. 그렇다. 당신은 아마도 세일즈에 관련된 수백 권의 책을 읽었을 것이다. 그럼에도 불구하고 당신은 그 책을 활용해 거래제의를 해야 하는 최적의 기회를 포착하는 데는 미숙할지 모르겠다. 핵심은 바로 이것이다.

"쳇바퀴를 돌아서는 안 된다! 다른 사람의 경험을 터득하고, 거래종결을 위한 마무리에 집중하라."

거래종결을 위한 마무리에 집중하라! 참으로 당연한 소리처럼 들리겠지만 그 중요성을 간과해서는 안 된다. 세일즈의 전 과정을 완성하는 최종정리 단계는 고객의 기억 속에 희미해져 가던 불빛을 다시금 밝혀 주고 그리하여 고객이 당신에게 주문을 요청하게 만들어 준다.

세일즈 과정 동안 고객은 당신이 제공하는 발화물질과 성냥에 기초해 스스로 불을 밝힌다. 하지만 세일즈 과정 동안 그 불은 갖가지 어려운 상황이나 장애물로 꺼질 때가 많다. 이때 당신이 꺼진 불을 다시 환하게 밝혀 주는 최종정리를 해줌으로써, 당신이 고객에게 거래를 제의하는 순간 그 불꽃은 다시 활활 타오를 것이다. 그들 마음속 심지에 불이 붙고 불꽃이 발갛게 달아오를수록 계약체결의 순간도 점점 더 가까이 다가올 것이다.

고객의 거절은 당신이 무언가 할 일이 남아 있다는 뜻이다

고객이 "아니오"라고 거절하면 그 이유는 대개 그들이 "예" 하고 대답할 줄 모르기 때문이다. 11장에서는 고객의 "아니오"를 극복하고 그들에게 "예"라는 대답을 이끌어 낼 수 있는 방법에 대해 살펴보기로 하자.

제 11 장

거절하는 고객에게 더욱 다가가라

좀 이상하게 들리겠지만, 고객이 일단 "아니오"라고 말한 이상 그들이 마음을 바꾸어 구매할 가능성은 없다. 전문 세일즈맨들의 주장에 따르면 대부분 계약이 체결되기까지 고객에게서 최소 한 번 이상은 "아니오"란 말을 들었다고 한다. 또 통계조사에서도 판매의 60%가 5번 이상의 고객 거절이 있은 다음에야 성사되었다고 한다.

맞는 말이다. 그러나 나의 주장, 즉 "고객이 일단 '아니오'라고 말한 이상 그들이 스스로 마음을 바꿔 구매할 가능성은 없다"는 것에는 또 다른 의미가 담겨져 있다.

설령 고객이 이미 거절했다 하더라도 그들은 당신이 제공한 정보에 기초해 새로운 결단을 내릴 수가 있다. 앞서 말했듯이 탁월한 전문 세일즈맨은 고객이 "아니오"라고 말하는 의미를 그들이 "예"라고 말하는 법을 모르기 때문으로 이해한다.

옳은 말이다. 그러므로 결코 고객과 논쟁하려 하지 말라. 고객의 "아니오"는 단지 당신이 할 일을 다 하지 못했고 따라서 그들이 필요로 하는 정보를 제공해야 하는 의무가 남아 있다는 뜻일 뿐이다.

당신은 고객이 "예"라고 결단을 내릴 수 있도록 새로운 정보, 즉 좀더 결정적인 구매이유와 제품의 특징, 기능, 이점을 추가로 제공해야 한다. 그 새로운 정보를 통해 고객은 새로운 (그리고 긍정적인) 결정을 내리는 법을 알게 될 것이다.

거절을 승낙으로 바꾸는 법

탁월한 전문 세일즈맨들은 고객의 거절을 승낙으로 바꾸기 위한 몇 가지 질문을 통해 그들의 거절 이유를 이해하고 확인하는 절차를 거친다. 그리고 그들은 그 거절이유를 다시 한 번 고객에게 확인시킨다(고객과 같은 심리상태가 되지 않는 한 고객의 생각을 읽을 수 없기 때문이다). 하지만 고객들 가운데는 솔직하게 자신의 진짜 거절이유를 말하지 않는 고객이 있는가 하면 진짜 이유가 무엇인지 모르는 고객도 있다. 하지만 그들 모두 스스로의 감정에 따라 움직이는 경우가 많다. 그러므로 세일즈맨은 이 점을 명심하고 그들의 거절 이유를 밝혀 내야 한다.

_ 고릴라의 흙먼지

전문 세일즈맨들은 가짜 거절이유를 '고릴라의 흙먼지'라고 부른다. PBS TV에서 방영하는 야생 고릴라의 행동과 생태에 관한 프로그램에서 두 마리의 수컷 고릴라가 서로 싸우는 장면을 본 적이 있다. 두 마리의 고릴라는 본격적인 싸움을 시작하기 전에 상대 고릴라의 주위를 맴돌며 바닥의 흙을 집어 상대에게 마구 뿌린다. 이 때문에 사방이 흙과 먼지로 자욱해지게 되는데, 이것이 바로 '고릴라의 흙먼지'이다. 이처럼 고객들도 종종 고릴라와 똑같이 행동하는 경우가 많다.

재미있는 이야기가 있다. 새로 이사 온 어떤 사람이 잔디 깎는 기계를 빌리기 위해 옆집 사람을 찾아갔다. 그러나 옆집 사람은 빌려 주지 않으려 했다. 이에 이사 온 사람이 그 이유를 묻자 그는 이렇게 대답했다.

"왜냐하면 오늘 저녁, 식구들과 함께 외식을 할 예정이거든요."

"아니, 그게 대체 이거하고 무슨 상관이죠?"

화가 난 새 이웃이 물었다.

"별 상관이야 없죠. 하지만 당신이 하고 싶지 않고 또 할 생각이 없다면 아무거나 다 이유가 되는 법이죠. 더 이상 무슨 이유가 필요하나요?"

옆집 사람의 대답이었다.

하지만 전문 세일즈맨의 입장에서는 아무거나 이유가 될 수 없다. 그러므로 당신은 다음 테스트를 통해 진짜 거절 사유가 무엇인지 밝혀 내야 한다.

_ 두 가지 테스트

이제부터 설명할 두 가지 테스트는 '고릴라의 먼지' 즉, 가짜 거절사유와 진짜 거절사유를 구별해 줄 것이다. 또 이 테스트는 고객에게 구매의 필요성을 알면서도 쉽게 구매를 결정하지 못하게 하는 숨은 이유가 무엇인지 알게 해 준다.

그 첫 번째가 고객에게 가상의 질문을 던지는 '가정' 테스트이다.

> "선생님, 만일 그런 상황에 처하지 않았다고 가정해 보십시
> 오. 그렇다면 선생님께서는 제 제품(혹은 서비스)을 구매하
> 시겠습니까?"
> "만약 _____을 고려하지 않는다면 그때는 구매를 하시겠습
> 니까?"
> "만약 선생님께서 _____에 만족하신다면 그때는 구매하시
> 겠습니까?"
> "만약 _____한다면 그때는 구매하실 생각이신가요?"

합당한 거절사유를 확인할 수 있다면, 당신은 그것을 극
복하기 위한 조치를 취하거나, 아니면 '고릴라의 먼지'를
제거하느라 시간을 낭비하는 대신 새로운 가망고객에게로
옮겨갈 수가 있다.

다음은 두 번째 테스트로 '분리와 재확인' 테스트이다.
이 두 번째 테스트의 두 절차, 즉 분리와 재확인 절차는 당
신이 고객의 진짜 거절사유를 발견했는지의 여부를 검증
해 준다. 첫 번째 절차인 '분리'는 "선생님께서 저의 오늘
제의를 거부하시는 남다른 이유라도 있으신가요?" 하고

묻는 방법이다. 여기서 당신의 목적은 거절사유가 하나이든 여러 가지이든 그것 모두를 고객에게서 *끄집어내는* 것이다.

세일즈맨이 주로 겪게 되는 가장 황당한 경우는 최선을 다해 한 가지 거절이유를 해결해 놓고 나니 또 다른 거절사유가 나올 때이다. 만일 고객이 말한 두 가지 거절이유를 충분히 해명하고 난 다음에는 세 번째 거절 이유가 없는지 물어 보아라.

"그게 선생님이 구매하지 못하는 이유의 전부입니까, 아니면 또 다른 이유가 있나요?"

이때 고객을 하루종일 붙들고 있을 거라는 인상을 주어서는 안 된다. 안 그러면 고객은 당신이 결코 답변할 수 없는 거절이유를 내놓을지도 모른다.

일단 당신이 고객으로부터 "아뇨, 그게 전부입니다"라는 대답을 들었다면 이제 재확인 절차를 거쳐야 한다.

"그러시다면, 선생님께서 제게 말씀하셨던 _____와 _____문제만 없으시다면 오늘 구매하시겠다는 말씀이시죠?"

만일 당신이 질문을 통해 계약체결의 최종장애를 해결하고자 한다면 그때는 이렇게 물어라.

"이제 선생님께서는 가능한 빨리 저희 제품(혹은 서비스)의 혜택을 누리고 싶으신 것 같은데 맞습니까?"

이로써 당신은 계약을 체결하게 된다. 주문장을 꺼내라.

거절이란 세일즈의 한 부분이다

거절은 당신에게 고객의 요구와 필요를 충족시킬 수 있는 통찰력을 준다. 언제 어느 순간에서든 거절당할 수 있다고 생각해라. 아마도 당신은 세일즈 교육이나 경험을 통해 한두 가지 이상의 새로운 거절사유를 접하게 될 것이다. 일반적인 거절사유도 많지만 전혀 듣지 못한 새로운 거절사유가 있을 수도 있다. 그러므로 항상 철저히 준비하고 통찰력을 키우도록 하라. 그리하면 언제 어떤 거절사유가 나오더라도 합리적인 답변을 제시할 수 있을 것이다.

결국 거절은 세일즈맨이라면 반드시 경험하는 세일즈의 한 부분이다. 거절을 효과적으로 대응하느냐 하지 못하느냐는 거절에 대한 당신의 인식과 태도에 따라 엄청나게 달라진다.

_ "잠시 후 다시 오겠습니다."

"생각해 보겠습니다."

"며칠 간 생각할 시간을 주시죠."

이것은 고객의 대표적인 거절방법이다. 캔터키 주의 캠벨스빌레에 사는 팀 존스는 여기에 대처하는 아주 흥미로운 대응책을 발견했다. 그는 고객에게 유용한 정보와 자료를 제공하고는 한 가지 부담스런 질문을 던진다. 고객이 생각할 시간을 달라고 요구하면 팀은 웃으면서 이렇게 대답한다.

"그러시죠. 그럼, 저는 선생님께서 생각하시는 동안 길가 커피숍에 가서 커피를 마시다가 한 20분쯤 뒤에 다시 오겠습니다. 그때까지 충분히 생각하시길 바랍니다."

그런 다음 팀은 미처 고객이 대답하기도 전에 자료를 챙겨 일단 자리를 뜬다. 그리고 얼마 후 고객에게 다시 돌아와 묻는다.

"결제는 어떻게 하시는 것이 선생님에게 유리하겠습니까? 매달 지로나 자동이체로 납부하시겠습니까, 아니면 일년 치를 한꺼번에 내시겠습니까?"

이런 방법으로 팀은 상당량의 계약을 성사시켰다.

_ 총잡이가 되지 말라

세일즈맨들 중에는 자신의 지식과 능력을 과시하고 싶은 나머지 오히려 거절을 반기는 무리들이 있다.

'어디 공격해 보시지. 당신이 무슨 말을 하든 내가 확실히 대답해 줄 테니!'

이들은 마치 싸움에 굶주린 총잡이처럼 군다. 기억하라, 당신의 목적은 당신이 얼마나 많은 거절이유를 물리칠 수 있는지 보여 주기 위한 것이 아니라 당신의 제품 혹은 서비스가 고객에게 얼마나 유익한지 입증하는 것이다. 그리고 세일즈는 당신이 거절을 극복하고 고객이 "예"라고 말한다고 해서 끝나는 것이 아니다. 실제로 세일즈는 그때부터 시작이다. 계약이 체결되고, 제품을 공급하고, 결제가 완료되고, 고객이 만족할 때 비로소 완성되는 것이다.

제 12 장

고객 서비스를 넘어 고객만족으로

작년 어느 주말, 한 나이 많은 세일즈맨과 젊은 세일즈맨이 집으로 돌아가는 기차에서 아주 진지하게 이야기를 나누고 있었다. 그들 중 젊은 세일즈맨이 일주일 내내 자신이 얼마나 힘들었는지 불평을 했다. 성과는 없고 사람들은 무례하고 결국 그때마다 그도 같이 화를 냈다고 말했다. 그러자 나이 많은 세일즈맨이 잠시 생각에 잠겨 있다가 이렇게 말했다.

"이보게, 나도 자네만큼이나 힘들었다네. 내 앞에서 문을 꽝 닫질 않나, 나가라고 쫓아내고 못 들어가게 막더군. 나한테 온갖 욕설과 비난을 퍼붓고 심지어 침까지 뱉더라고. 그렇지만 말이야, 내가 화를 내는 일은 결코 없었다네.

절대로 말일세!"

불쾌한 고객을 감당할 수 있는가?

누구든지 주문을 하고 친절하고 다루기 쉬운 고객한테는 최선을 다해 친절과 호의를 베푼다. 하지만 우리는 그 반대의 경우에도 앞의 나이 많은 세일즈맨처럼 고객에게 최선을 다해야 한다. 당신의 회사가 당신을 고용한 것은 바로 그런 무례한 사람들을 고객으로 만들라는 의미이다. 일반적으로 당신의 가치는 심술궂은 고객을 포함한 모든 사람들을 능숙하고도 전문가다운 태도로 대처하는 능력에 따라 좌우된다.

당신은 거칠고 난폭하고 고약한 사람들을 만나게 되면 그들처럼 거칠고 난폭하게 대응하는가 아니면 상황에 따라 스스로를 통제하는가? 당신은 우호적이고 친절한 태도로 대응할 수도 있고 무례하고 거칠게 행동할 수도 있다. 그것은 오직 당신의 선택에 달려 있다.

물론 그것을 행동으로 옮기기란 쉽지 않은 일임을 잘 알고 있다. 당신이 좀더 합리적인 선택을 하는데 도움이 될

만한 몇 가지 방법을 소개하겠다.

조사에 따르면 우리의 고객들 중 약 90%가 한마디 상의
도 없이 거래를 중단한다고 한다. 하지만 유감스럽게도 그
들은 자신의 친구나 친지, 이웃, 심지어 낯선 사람에게는
그 이유를 말한다고 한다. 핵심은 바로 이것이다.

"과연 당신은 이런 불쾌한 고객을 감당할 수 있는가?"

_ 가만히 지켜보고 기다려라

사람들은 주로 누군가에게 화가 나면 곧바로 상대방의
멱살을 잡는 경향이 있다. 만일 당신이 그런 상황에 처하
게 되면 그때는 몸과 마음의 긴장을 푼 채로 두 손을 옆구
리에 가만히 붙이고 그 사람이 하는 말을 조용히 들어라.
절대 끼어 들지 말라! 물론 이렇게 한다고 그 사람의 화가
풀리는 것은 아니다. 사실 나는 화가 난 사람을 힘으로 제
압하는 방법을 알지는 못한다.

그렇지만 일반적으로 사람들은 제 아무리 화가 나도 2분
이상 욕설을 퍼붓거나 폭력적인 행동을 지속하기는 어렵
다. 내 말이 믿기지 않으면 직접 시험해 보아라. 누군가가
당신에게 고함지르고 욕설을 퍼붓고 폭력을 휘두르고 울
고불고 난리를 치더라도 가만히 있어 보아라. 화가 머리끝

까지 난 사람이라도 당신이 가만히 참고 기다리다 보면 어느새 그는 진정하게 될 것이다. 그런데 만일 당신이 끝까지 기다리지 못하고 중간에 끼어 들게 되면 그는 다시 처음의 화난 상태로 돌아가 그 격분의 2분을 다시 시작하게 될 것이다.

_ 진심으로 염려하면 아무도 화내지 않는다

한바탕 열기가 가라앉으면 이제 당신은 목소리를 낮추고 분명하고 신중하게 말하도록 하라. 잊지 말라. 당신이 현재 대면하고 있는 그 사람은 감정이 아주 고조된 상태라는 것을.

당신이 긴장을 풀고 그 사람의 분풀이를 다 받아 주고 그 다음에 조용히 하고 싶은 말을 분명하게 말하는 것이 그 사람을 평정의 세계로 데려오는 길이다. 그리고 그 평정의 상태를 지속시키는 최선의 방법은 그 상황에서 당신이 감정적인 것이 아니라 이성적으로 대처하는 것이다. 그러다 상대가 이성을 되찾으면 그때 당신은 본래의 감정을 되찾으면 된다.

아마도 당신은 그 사람의 말과 행동에 동의하지 않을 것이고, 또 동의할 필요도 없다. 당신이 현명하게 처신하

기만 한다면 말이다. 우선은 그 사람에게 감사의 표시를
하라.

"선생님, 선생님 생각을 저에게 솔직하게 말씀해 주셔서
감사드립니다."

침착하고 예의바르게 행동하라. 단 당신 자신이나 회사
의 명예를 손상시키는 행동을 해서는 안 된다. 절대로 비
굴해져서는 안 된다. 당신이 그에게 감사하다고 말하는 이
유는 당신이 그의 행동이나 생각이 옳다고 인정하기 때문
이 아니다. 단지 그 사람에게 당신이 예의를 다하는 모습
을 보이기 위해서이다.

다음으로 그에게 당신이 그를 돕기 위해 왔다는 점을 인
식시켜라. 가능하다면 다음 문구를 기억해 두었다가 당신
에게 화를 내는 사람과 부딪혔을 때 활용해도 좋다.

"선생님, 우선 선생님의 솔직한 생각을 말씀해 주셔서
감사합니다. 하지만 저는 선생님을 돕기 위해 왔다는 것을
이해해 주셨으면 합니다. 기분이 어떠신지 충분히 이해합
니다. 선생님 입장에서 그러시는 것도 무리는 아니죠. 괜
찮으시다면 저와 함께 선생님의 어려운 점을 극복할 수 있
는 해결책을 찾아보지 않으시겠습니까?"

기억하라! 당신이 상대방의 문제를 해결하기 위한 해결

책을 찾고자 노력하는데 화를 낼 사람은 없다. 더욱이 진심으로 문제를 해결하기 위해 애를 쓰고 그 해결책을 제시하는 사람한테는 어느 누구도 함부로 대하지 않는다.

_ 한발 물러서는 마음을 가져라

고객이 마음을 가라앉히고 이성을 찾게 되면 어떻게 될까? 그때부터 당신은 본격적인 일을 시작할 수 있다. 대치국면이 해소되는 순간 고객은 자신의 잘못을 깨닫고 미안해 한다. 이때 당신은 다정하고 유쾌하고 낙관적인 태도로 그들을 대하도록 하라. 그런 다음 고객에게 당신이 얼마나 관대하고 이해심 많은 사람인가를 인식시켜라. 그리고 그들에게 당신의 일이 얼마나 가치 있는 일인지 말해 주어라.

이러한 태도는 고객과의 관계를 탄탄하게 해 준다. 그렇지 않으면 그들은 자신이 저지른 잘못으로 당신과 만나는 것 자체를 꺼려할 수도 있다. '한 발 양보하는 자세'는 삶에서뿐만 아니라 세일즈에서도 꼭 필요하다. 세일즈 트레이너들이 수없이 강조하듯 '조금 손해 보는 태도'는 우리 삶에서 꼭 필요한 자세이다. 전문 세일즈맨이 되는데 필요한 자질과 태도를 보일 때, 비로소 당신은 탁월한 전문 세일즈맨으로 성장하게 될 것이다.

_ 감정이 격한 고객에게는 양해를 구하고 잠시 피하라

당신이 누군가로부터 고함과 욕설을 듣는 특별한 상황에 처했을 때 대처할 수 있는 또 다른 방법이 있다.

"선생님, 아무래도 선생님께서 하시는 말씀을 들으니 저로서는 더 이상 선생님을 도와 드릴 수가 없겠습니다. 만일 선생님께서 저와 함께 문제를 해결하고자 노력한다면 반드시 해결책을 찾을 수 있을 겁니다. 하지만 선생님께서 계속 그런 식으로 행동하신다면 저는 그만 여기서 대화를 마쳐야겠습니다."

그럼에도 상대가 계속 화를 내고 무례하게 군다면 당장 대화를 그만두어라. 만일 당신이 전화로 그런 사람과 부딪히게 되면 양해를 구하고 전화를 끊어라. 상대는 자신의 태도에 무안해 할 것이고 그럼으로써 당신에게 더욱 협조적인 태도를 보일 수 있다.

사실 당신의 생각이 옳음에도 불구하고 화를 내지 않고 이성적으로 행동한다면, 고객과의 유대관계가 깊어지거나 계약체결 가능성이 높아질 수밖에 없다. 고객이 당신에게 했던 일에 대한 죄책감을 갖고, 당신에게 무언가 도움 되는 일을 해야만 한다고 생각하기 때문이다. 그러한 미안함과 부채의식 때문에 그는 당신에게 사과하고 당신의 이야기를 들으려 하고 심지어 당신과의 지속적인 거래를 통해서라도 용서를 구하고자 노력하게 된다.

현명한 태도를 위한 제안들

다음은 화를 내는 사람을 대할 때 현명하게 처신하는 방법들이다. 어느 누구도 당신의 마음을 알 수 없으며 당신의 허락이 없는 한 당신을 화나게 할 수 없다.

- 그들의 고함소리를 들어라―화풀이 대상이 되어 주어라.
- 인내하라.
- 지혜롭게 처신하라.
- 공감하도록 하라.
- 그들의 가치를 인정하라.
- 천천히, 조용히, 그리고 신중하게 대응하라.
- 그들이 당신을 통제하지 못하게 하라.

역경은 기회다

   세일즈맨으로 성공하고자 한다면 불평불만을 하지 말라. 무례하고 짜증스런 고객들을 만날 때마다 그것을 기회라고 생각하라. 그리하면 당신은 더욱 크게 성장할 것이다.

제 13 장

합리적이고 효율적으로 생활하라

당신이 필요로 하는 것을 필요한 때 할 수 있도록 스스로를 훈련시켜라. 그리하면 당신이 바라는 것을 바라는 때 할 수 있는 그런 날이 다가올 것이다.

자신의 하루일과를 살펴보아라

전문가들에 의하면 전체 세일즈맨의 총 활동 시간 중 80%가 직접적인 세일즈와 무관한 일에 매달린다고 한다. 즉 실질적인 세일즈 활동을 하는 시간이 하루(10시간 기준)에 채 2시간을 넘지 못한다는 말이다. 그 외 시간은 주로 이 고객에서 저 고객으로 가는데 소요되는 시간, 사무실에서 기다리는 시간, 차를 주차하는 시간, 세세한 잡무 및 개인업무를 보는 것에 소모되고 있다.

전문 세일즈맨들이 해결해야 할 문제는 바로 여기에 있다. 어떻게 하면 나는 내게 주어진 시간을 합리적이고 효율적으로 관리할 수 있을까? 세일즈 이외의 일을 하는 시간을 줄일 수는 없을까?

유능한 전문 세일즈맨들은 보통의 세일즈맨들보다 시간이 더 부족함에도 불구하고 거의 두 배 이상의 고객들을 만난다고 한다. 이처럼 그들이 성공할 수 있는 이유는 그들의 특이한 능력 때문이 아니라 그날그날 해야 할 일의 우선순위를 정하는 남다른 시간관리 능력 때문이다.

프로가 되기 위한 자기관리

일반적으로 생산성이 높은 전문 세일즈맨은 일반 세일즈맨보다 더 열심히 일한다. 실제로 다른 사람보다 더 열심히 일하면 판매 실적이 높아지는 것은 당연하다. 그렇다고 일주일 내내 8시부터 9시까지 일하라는 것은 아니다. 우리는 일반 봉급생활자가 아니다.

무한정한 고소득 가능성을 지닌 세일즈의 세계에서는 오히려 생산적인 1시간이 비생산적인 10시간보다 더 큰 개인적, 금전적인 성공을 보장해 준다. 결국 이것은 '효율'과 '효과'의 적절한 균형에 달려 있다. '효율'은 능률적으로 일하는 것이고, '효과'는 핵심적인 일을 하는 것을 의미한다.

'리맥스ReMax 부동산'의 창업자 데이비드 리닝거는 내가 아는 사람 중에서 시간을 가장 효과적이고, 효율적으로 쓰는 사람이다. 데이비드는 주위 사람들에게 주어진 시간 안에 그들이 가진 능력을 최대한 발휘할 수 있는 환경을 조성해 주었다.

그는 개인적인 조사를 통해 리맥스ReMax에서 생산성이 높은 전체 100명의 부동산업자들 중 47명이 세일즈 활동 이외의 업무를 담당하는 도우미를 두고 있다는 것을 발견했던 것이다. 그리고 그 도우미들은 주로 '집 내놓음', '팔렸음'과 같은 표지판을 걸거나 떼는 일을 포함해 일상적인 전화업무, 이메일 발송, 각종 우편물 발송 및 정리 등의 각종 2차적인 일들을 처리했다.

도우미들이 그런 2차적인 일들을 처리함으로써 그런 전

문 부동산업자들은 고객발굴, 상담 등 실질적으로 부가가치가 높은 일에 더 많은 시간을 투자할 수 있었던 것이다. 그리고 이는 곧 회사와 국가의 경제적인 발전에도 도움이 되었다.

한 가지 흥미로운 사실은 그들 최고 부동산업자들은 다른 부동산업자들에 비해 주당 근무시간이 많았음에도 불구하고 오히려 가족들과 함께 보내는 휴식시간마저도 더 많았다. 다시 말해 이들 최고 부동산업자들의 1년 전체 휴일수가 다른 부동산업자의 총 휴일 수보다 4주나 더 많았던 것이다.

이는 당연한 결과이다. 당신이 시간을 효율적으로 활용할수록 당신이 창출하는 소득은 커질 수밖에 없고, 소득이 많을수록 가족과 여행을 하며 보내는 시간이 더 많아진다. 그러므로 고소득 전문 세일즈맨들일수록 최대한 열심히 일할 뿐만 아니라 동시에 다른 사람들의 능력을 활용해 합리적이고 효율적으로 일한다.

세일즈란, 세일즈의 준비와 세일즈 과정, 그리고 거래체결 이후까지의 전 과정을 포함한다. '소 뒷걸음치다 쥐 잡는다'는 속담이 있다. 아무리 무능한 세일즈맨도 어쩌다 운 좋게 계약에 성공할 때가 있다. 하지만 아무 계획 없이 무턱대고 일하는 태도로는 결코 크게 성공할 수 없다.

_ 자기분석

내가 만나 본 많은 세일즈맨들은 대체로 자신의 생산성에 만족하지 않았다. 그들은 하나같이 하는 일이 많다고 하면서도 실제로는 습관적이고 비효율적이고 불필요하며 심지어 자신에게 유익하지 못한 일들을 하는 경우가 많았다. 자기분석이 실로 중요한 이유도 바로 여기에 있다.

"내가 그 일을 할 필요가 있을까, 다른 식으로 해야 하지 않을까? 일을 효과적으로 처리함으로써 전반적인 생산성을 높일 수는 없을까? 정말 내가 이것을 이토록 힘들게 해야 할 필요가 있을까?" 등등의 '자기분석'은 자신의 일과 및 고객과의 상담내용을 정기적으로 검토하고 정리하는 중요한 자기관리 방법이다.

하루를 기록하는 일지를 만들어라. 내가 해 보았던 일 중 가장 의미 있는 것은 시간분석표를 만드는 것이었다. 나는 맨 처음 내가 보낸 시간들을 추적해 보라는 이야기를 들었을 때 마치 사형선고를 받은 기분이었다. 대개의 사람들은 매일 매시간 무엇을 했는지 설명해 보라고 하면 왠지 자신이 의심받는 듯한 느낌을 갖는다. 그러므로 그런 말을 듣기 전에 먼저 자신의 일과를 정리하자.

장기적 성장 가능성이 있는 기업에서는 세일즈맨들에게 그들의 세일즈 활동을 일일이 기록해서 보고하라고 요구한다. 나 역시 당신에게 지난 2주 간의 활동을 기록해 보라고 권하고 싶다. 그것이 당신의 삶을 극적으로 변화시켜 줄 것이다. 아마 당신도 나와 마찬가지로 기껏해야 하루에 두 시간밖에 실질적인 세일즈 활동을 하지 못했음을 발견하게 될 것이다. 나머지 대부분의 시간은 실질적인 판매를 위한 준비작업에 소요되었을 테니 말이다.

성적이 우수한 학생들은 책상에 앉자마자 공부를 시작한다. 보통의 학생들 혹은 성적이 부진한 학생들은 공부를 하기 위한 준비작업에 대부분의 시간을 보낸다. 최고의 세일즈맨은 세일즈 활동을 하지 않는 시간 동안 계획하고 준비한다. 그러다 세일즈 활동을 해야 할 시간이 되면 그들은 곧바로 전화를 들거나, 가방을 챙기고 세일즈 전선에 뛰어든다. 그리고 진정한 프로는 모든 기회—기대했든 기대하지 않았든—를 성과로 연결시킨다.

시간분석은 자신을 시간에 구속시키는 것이 아니라 시간으로부터 자유로워지기 위한 방법이다. 시간분석은 자신에게 필요한 일을 더 많이 하고 자신에게 필요하지 않은 일을 줄이도록 도와 준다. 또 시간분석은 미처 자신이 의식하지 못하는 비효율적이고 비생산적인 습관을 깨닫게 해 준다.

_ 시스템을 활용하라

누구든지 맡은 바 책임을 완수하기 위한 방법, 기법, 시스템이 필요하다. 어느 분야에서든 진정한 프로가 마음의 평안을 갖는 것은 그들이 주어진 상황에서 최선을 다하기 때문이다. 진정한 프로가 자신에 대한 확신을 갖는 것은 자신의 참된 가치를 알기 때문이다. 이처럼 당신이 진정한 프로가 되기 위한 방법 또한 사람들에게 자신의 임무와 역할을 충실히 수행하도록 능력과 용기를 주어 그들이 성공할 수 있도록 도와 주는 시스템을 통해서만 가능한 것이다.

올바른 시스템을 활용하라. 성공에 필요한 책임감을 키우기 위해서는 시스템이 필요하다. 지글러 트레이닝 시스템은 사람들에게 목표를 향해 올바른 길로 나아가고 균형 있는 삶을 살아가는 데 필요한 행동강령과 장단기적인 목표를 수립하는 체계적인 기법들을 개발해 왔다.

여러 단체들—예컨대 '데이타이머스Daytimers. Inc'나

'프랭클린 코베이Franklin Covey' —에서는 시간을 최대한 활용하도록 도와 주는 달력이나 각종 전자장치들을 제공하고 있다. 하지만 사실 한 자루의 연필과 종이 한 장만으로도 충분히 당신의 일과를 분석 · 계발시킬 수 있다.

가장 중요한 것은 당신이 어떤 시스템을 이용하는가가 아니라 시스템 그 자체를 활용하고 있다는 사실이다. 당신이 좀더 체계적이고 능력 있는 전문 세일즈맨이 되고자 한다면 투자하는 시간과 노력의 효율성을 극대화시키고자 노력해야 한다. 그때야말로 당신은 비로소 진정 자유로운 삶을 살게 될 것이다.

정상에서 만나자

〈뛴만큼 버는 세일즈맨〉은 당신을 전문적인 설득가로 새로 태어날 수 있게 도와 주는 책이다. 이 책에는 당신이 이미 알고 있는 정보를 비롯해 새로운 정보가 함께 실려 있다. 그러므로 그 두 가지 정보를 자신의 일과 생활에 맞도록 더 새롭고 더 창의적인 정보로 변화시키기 바란다.

이제 당신은 지금까지 살펴본 세일즈의 기본법칙을 실

전에 응용할 수 있는 힘과 능력을 갖게 되었다. 정상에서
만날 수 있기를 고대한다!!!

나혜목

1970년 출생, 계명대학교에서
신문방송학과 사회학을 전공하였다. 현재 전문번역가로
활동하며, 개인의 태도변화와 성장, 행동계발 등에 관한 도서들을
번역하고 있다. 역서로는 〈꿈의 전자상거래〉〈포커 MBA〉
〈직장에서의 게임이론〉(출간예정) 등이 있다.

뛴만큼 버는 세일즈맨

초판 1쇄 인쇄 | 2003년 12월 20일
초판 1쇄 발행 | 2003년 12월 30일

지은이 | 지그 지글러
옮긴이 | 나혜목

펴낸이 | 한익수
펴낸곳 | 도서출판 큰나무

기획 | 유연화
편집 | 성효영, 김미진
관리 | 조은정
마케팅 | 한성호, 이영학

등록 | 1993년 11월 30일(제5-396호)
주소 | 120-837 서울시 서대문구 충정로 3가 3-95 2층
전화 | (02) 365-1845~6
팩스 | (02) 365-1847

이메일 | btreepub@chol.com
홈페이지 | www.bigtreepub.co.kr

값 8,500 원
ISBN 89-7891-180-3 03320